100位

为新中国成立作出突出贡献的英雄模范人物

周逸群

彭学涛/编著

★

吉林文史出版社

图书在版编目（CIP）数据

周逸群 / 彭学涛编著. -- 长春 : 吉林文史出版社,
2011.4（2022.4重印）
（100位为新中国成立作出突出贡献的英雄模范人物）
ISBN 978-7-5472-0552-5

Ⅰ. ①周… Ⅱ. ①彭… Ⅲ. ①周逸群（1896～1931）—
生平事迹 Ⅳ. ①K827=6

中国版本图书馆CIP数据核字(2011)第050726号

周逸群

ZHOUYIQUN

编著/ 彭学涛

选题策划/ 王尔立　责任编辑/ 王尔立

装帧设计/ 韩璘

出版发行/ 吉林文史出版社

地址/ 长春市福祉大路5788号　邮编/ 130118

电话/ 0431-81629363　传真/ 0431-86037589

印刷/ 天津海德伟业印务有限公司

版次/ 2011年4月第1版 2022年4月第6次印刷

开本/ 640mm×920mm　1/16

印张/ 9　字数/ 100千

书号/ ISBN 978-7-5472-0552-5

定价/ 29.80元

《100位为新中国成立作出突出贡献的英雄模范人物》丛书

★★★★★

编 委 会

100位

为新中国成立作出突出贡献的英雄模范人物/

八女投江	于化虎	小叶丹	马本斋	马立训	方志敏
毛泽民	毛泽覃	王尔琢	王尽美	王克勤	王若飞
邓　萍	邓中夏	邓恩铭	韦拔群	冯　平	卢德铭
叶　挺	叶成焕	左　权	诺尔曼·白求恩		任常伦
关向应	刘老庄连	刘伯坚	刘志丹	刘胡兰	吉鸿昌
向警予	寻淮洲	戎冠秀	朱　瑞	江上青	江竹筠
许继慎	阮啸仙	何叔衡	佟麟阁	吴运铎	吴焕先
张太雷	张自忠	张学良	张思德	旷继勋	李　白
李　林	李大钊	李公朴	李兆麟	李硕勋	杨　殷
杨子荣	杨开慧	杨虎城	杨靖宇	杨闇公	萧楚女
苏兆征	邹韬奋	陈延年	陈树湘	陈嘉庚	陈潭秋
冼星海	周文雍、陈铁军夫妇		周逸群	明德英	林祥谦
罗亦农	罗忠毅	罗炳辉	郑律成	恽代英	段德昌
贺　英	赵一曼	赵世炎	赵尚志	赵博生	赵登禹
闻一多	埃德加·斯诺	夏明翰	格里戈里·库里申科		
狼牙山五壮士	聂　耳	郭俊卿	钱壮飞	黄公略	
彭　湃	彭雪枫	董存瑞	董振堂	谢子长	鲁　迅
蔡和森	戴安澜	瞿秋白			

前　言

　　每个人的心中都多少有一点英雄情结，都向往英雄、景仰英雄。也正因此，在中华人民共和国建国六十周年之际，由中央十一部委联合组织开展的"100位为新中国成立作出突出贡献的英雄模范人物和100位新中国成立以来感动中国人物"的评选活动中，群众参与投票总数近一亿。这其中的每一张选票，都表达了人们对英雄模范的崇敬之情，寄托着对伟大祖国的美好祝福。

　　一个民族不能没有英雄，否则这个民族就不会强大。当国家危难之时，懦弱者选择了逃避、妥协甚至投降，英雄们却挺身而出，用热血捍卫民族的尊严，人民的幸福。在创立和建设新中国的伟大历程中，涌现出无数可歌可泣的英雄模范人物。他们之中，有为了民族独立和人民解放而英勇牺牲的革命先烈，有为了党和人民的事业而不懈奋斗的优秀共产党员，有在全民族抗战中顽强奋战、为国捐躯的爱国将士，有英勇杀敌的战斗英雄和革命群众，有积极从事进步活动的著名民主爱国人士和国际友人……他们是民族的脊梁、祖国的骄傲，是激励全体人民团结奋斗的精神力量。

　　《100位为新中国成立作出突出贡献的英雄模范人物传记》丛书，就像一部星光璀璨的英雄谱，真实、完整地记录了英雄模范人物不平凡的一生，再现了他们非凡的人格魅力和精神世界。"头颅可断腹可剖"的铁血将军杨靖宇，"毫不利己，专门利人"的白求恩，"抗战军人之魂"张自忠，"砍头不要紧"的夏明翰，"俯首甘为孺子牛"的文化斗士鲁迅……一串串闪光的名字，一个个动人的故事，犹如群星闪烁，光耀中华。

　　如今，战火已熄，硝烟已散，英雄已逝，我们沐浴在和平的幸福之中。在和平年代，人们不会忘记为今日的和平浴血奋战的英雄们，英雄的故事永远不会结束。让我们用英雄的故事唤醒我们心中的激情，为中华民族的伟大复兴而奋斗。

生平简介

周逸群（1896–1931），男，汉族，贵州铜仁县人，中共党员。

周逸群 1919 年赴日本留学，1923 年毕业回国，在上海参加创办《贵州青年》旬刊，宣传反帝反封建思想。1924 年 10 月入黄埔军校学习，11 月加入中国共产党。1926 年参加北伐战争，在国民革命军第九军第一师（师长贺龙）任师政治部主任，后任第二十军政治部主任兼第三师师长。1927 年 8 月参加南昌起义，率部参加瑞金、会昌等战斗。在起义部队南下途中，介绍贺龙加入中国共产党。1928 年，与贺龙等赴湘西北组织开展武装斗争，参与领导鄂中鄂西地区年关暴动和桑植起义。曾任湘鄂边前敌委员会书记，和贺龙一起组织工农革命军，任党代表，后任中共鄂西特委书记、鄂西游击总队总队长。1930 年 2 月领导组建中国工农红军第六军，任政治委员，后任第二军团政治委员、前委书记，与贺龙领导创建了以洪湖为中心的湘鄂西苏区。9 月，调任中共湘鄂西特委代理书记兼湘鄂西联县政府主席。在国民党军重兵"围剿"的极端困难情况下，领导组建江左、江右军两个指挥部和独立团，实行全民皆兵，相继取得第一、二次反"围剿"斗争的胜利。1931 年 5 月，遭国民党军伏击，英勇牺牲，年仅 35 岁。

1896-1931
[ZHOUYIQUN]

◀周逸群

目 录 MULU

办刊立言 / 016

28岁

在思想运动大潮中，周逸群创刊立言，以笔代剑，针砭时弊，一鸣惊人，得到了萧楚女等共产党人的热情帮助和支持。

■投身革命洪流（1924-1927） / 021

废书学剑 / 022

黄埔军校如磁石般吸引热血青年，周逸群拒绝了国民党要人的邀请，在共产党人的推荐下携笔从戎，光荣地加入了中国共产党，显示出杰出的组织才能，孙中山的赞赏他视若知遇，蒋介石的拉拢他不为所动。

28-29岁

建"青军会" / 030

在党的指示下，周逸群领导建立了中国青年军人联合会，加强团结，致力革命，在与右派的斗争中，"青军会"大获全胜，周逸群成为黄埔军校一颗冉冉升起的新星。

29-30岁

投身北伐 / 039

在北伐战争中，周逸群与贺龙肝胆相照，给贺龙的部队带去了红色思想，为他出谋划策，使这支部队所向披靡。

30-31岁

周逸群是何等的赤诚（代序）

洪湖水哟长又长，人心向着共产党；

贺龙领导闹革命，红旗飘扬打胜仗……

歌剧《洪湖赤卫队》讲的是当年洪湖苏区艰苦卓绝的真实斗争故事，许多重要情节和人物都有历史原型。在湘鄂西革命根据地和红二方面军重要创始人贺龙的身边，还有一批和他生死与共的战友们，他们都在这块英雄的大地上作出了不可磨灭的贡献，其中就有贺龙一直深深怀念的周逸群——黄埔军校走出的杰出先烈，贺龙的入党介绍人。

周逸群英年早逝，除了一些稔熟党史军史的人，大概知道他的英雄业绩、人格魅力和伟大精神的人估计不会很多。但是，他创建的洪湖赤卫队却一直为世人所传唱，他引领、培养的很多人都成了共和国著名的开国将领。

周逸群本可以像一个普通中国人一样继承祖业，安心当家，发家致富，光宗耀祖，但他没有，为了探求救国于水火、解民于倒悬之路，他毅然抛家舍业，留学日本；在日本，他本可以一心向学，学成文武艺，货与帝王家，但国家的危难让他毅然走出校园，走上反列强、斗军阀的最前沿。回国后，他以笔代剑，宣传革命，抨击时弊，声名鹊起，但他最终还是废书学剑，投身黄埔。在黄埔军校，他光荣地加入了中国共产党，从此为党的革命事业奋斗到生命的最后一息。在北伐战争中，他用共产党的政治主张和个人的人格魅力影响了开国元帅贺龙和他的部队，最终把这支部队变成了党掌握的武装。南昌起义、南下广东、死守潮汕，他身先士卒，浴血奋战，起义失败后，他排除万难，几经辗转，回到党中央身边，再次领受革命任务，在湘鄂西的山山水水再次把革命的星火点燃，最终形成了燎原之势，让敌人为之胆寒。

周逸群铁骨铮铮，耿耿丹心，襟怀坦荡，肝胆照人，严于律己，宽以待人，真诚地爱护和团结同志，关心干部的成长。他实事求是，坚持原则，旗帜鲜明，不隐讳自己的观点，不随便苟同，敢于向一切危害革命利益的错误言行作斗争。一心为革命、一心为人民的他被誉为"洪湖苏区正确路线的代表"，"党的地方领袖"，受到了湘鄂西人民的衷心爱戴和拥护。

周逸群为中国革命立下了不朽功勋，有如其名，出乎其类，拔乎其萃，将为后人永远铭记。有人念及此，作诗以记之：

废书学剑走羊城，昂首高歌唱大风。

只为一身铮铮骨，致使热血洒洞庭。

周逸群虽然没能等到革命最终胜利的那一天，但他将永远活在长江汉水流域、洞庭湖畔、洪湖、湘鄂西和全国人民心中。

洪湖人民正在将洪湖建成周逸群生前所期望的聚宝湖，全国将建成千上万个聚宝湖、聚宝山、聚宝盆……

唯有如此，才能告慰周逸群等革命先烈的在天之灵！

山乡学子

(1896—1924)

→ 勤正少年

★★★★★

（0—17岁）

　　铜仁，是贵州高原东部的一座小城，风景秀丽，群峰环抱。

　　在古老的铜仁府城里，有一条南北走向的小街名叫大公馆路，路北住了一户姓周的大家族。大宅院的门口挂着功名牌匾，大门虽然已经落了漆，可对联还清晰可辨。联文是：忠厚传家久，诗书继世长。

　　1896年6月，周家生了个男孩儿。因为是五世同堂，全家人自然十分高兴，按照家谱，起名周逸群，学名立凤。

　　清朝道光年间，周逸群的曾祖父周卓然，从湖北蒲圻县杨柳村周家园迁居铜仁，从事油漆生产。这一手工艺一直被周逸群的祖父、父亲继承下来，并且有所发展。祖父周贵渠是经营能手，祖母是佃耕农的女儿。他们经过几十年的艰苦创业，积蓄了一些资本，于是在铜仁附近农村购置田产，又在城里修建了几栋房屋。到他父亲周自本执掌家业时，虽然家境每况愈下，然而全家仍过着丰衣足食的生活。

周逸群出生的时候，中国的国门已被列强的炮舰打开，"洋货"大量涌入，中国传统手工业遭到了严重冲击。因此，周自本从事的油漆生产日益艰难。在周逸群尚未记事时，父母积劳成疾，先后离开了人世。族叔周自炳、周自谦、周自香的家境虽没有他家富裕，但也读了一些书，颇有学识。他们

△ 周逸群故居

抚养失去双亲的周逸群，对他进行启蒙教育，对周逸群的成长产生了一定的影响。

20世纪初年，铜仁只有私塾，没有新学堂。当时，年幼的周逸群有了念书的要求，但他看到读私塾的学童，每天都要给"圣人"作揖下跪的情景，又不肯去读私塾。5岁那年，族叔们为满足周逸群的求知欲，就由周自炳指导他在家自学。族叔们对他的谆谆教诲，体现在题赠给他的两副对联上。一副是："尽日望云心不击，有时看月夜方闲"，另一副是："观书到老眼如镜，论事惊人胆满躯"。这些成了少时周逸群求知的"座右铭"。

自学期间，周逸群学习的内容主要是识字、读书、习字。他每天要写许多页毛笔字，写完后主动请叔父批改。有一晚，周逸群在油灯下聚精会神地看书，连叔父来到他身旁很久都未发现。他一有机会，就天南海北地提出一些问题，请叔父解答，周自炳总是循循善诱地启迪、讲解。周逸群还善于接受新生事物，未记事就能听懂说书，经常挤在人群中听人说唱一些民间传说和历史故事，显露出对历史的浓厚兴趣。

1905年，周自炳联合从日本留学回乡的周井桐创办了城南小学，铜仁有了唯一的新学堂。周逸群进入该校乙班学习。在学校他刻苦攻读，在家里仍保持发奋自学的良好习惯。

铜仁郊区有座东山，它东临烟波荡漾的锦江，三面被城区环抱，山上树木郁郁葱葱。山脚西侧有一石墩子，上有一个自生的石盘，恰似石砚一般。清晨或是雨后，石盘总是盛满清澈如镜的水。石砚旁边，古人刻有"洗墨"二字。一丈之隔，生有一洞，洞内石壁上，名人书有"藏书室"二字，人们称它"仙人洞"。每天早晨，周逸群背着书包，跑步来到这里，时而朗读课文，时而活动四肢。

周逸群从小热爱劳动，在学校和同学们和睦相处，在家里与街坊的贫苦孩子情同手足。同时，他爱憎分明，疾恶如仇。

铜仁有个劣绅名叫郭铁珊，曾在大灾之年将商会募集的善款鲸吞，并以救灾名义，在常德廉价购了一批大米，运到辰州后高价出售，将牟取的暴利塞进了自己的腰包。铜仁老百姓对他恨之入骨，给他取了个外号叫"铁算盘"。

周逸群从懂事起，渐渐地知道了郭铁珊盘剥民众、压榨帮工的罪恶发家史，并通过这个剥削阶级的"窗口"，看到了人间的不平。他和同伴们编了一首顺口溜来讽刺郭铁珊：

> 郭铁珊，铁算盘，
>
> 仓廪白米运江南，
>
> 绫罗绸缎赚大钱，
>
> 帮工吃不饱，
>
> 还要挨皮鞭。

一个小钱掉下河，

舍着性命摸半天，

钱同命相连……

郭铁珊最终没有逃脱人民对他的惩罚。大革命初期，贺龙率部进驻铜仁，民众和商会纷纷要求贺龙捉拿郭铁珊。郭铁珊见势不妙，连夜逃往湖南。在北伐进军途中，贺龙部将他抓获，周逸群与贺龙亲自处置了作恶多端的郭铁珊。

1912 年，外国传教士开始在铜仁修建教会学校、教会医院、福音堂，声称无私地把文明、幸福和昌盛"奉献"给贫苦落后的中国人民。其实，他们是打着慈善事业的招牌，披起传教的外衣，进行文化侵略。

少年时代的周逸群，目睹了洋鬼子在自己家乡横行霸道，激起了他无比的愤怒和反抗。一次，他带领几个志同道合的同学，来到中南门"福音堂"门前，用石头砸烂了"福音堂"的玻璃窗。

1913 年，周逸群以优异的成绩毕业于城南小学。毕业当天，在隆重的典礼结束之后，学校又组织了毕业学生游行。周逸群胸挂红绸，骑马当头，英姿勃勃。全城老幼投以羡慕的目光，报以热烈的掌声，鸣放鞭炮，把国家富强的希望寄托在他们身上。

→ 远大抱负

（17—22岁）

　　1913年秋，17岁的周逸群已是一个积极追求进步的青年了。在族叔们的支持和赞助下，他考入贵阳南明学校中学部第十期学习。

　　周逸群入校时，正好赶上南明学校建校十周年。为了校庆，学校创办了校刊《南明》杂志。

　　这正是周逸群求知的黄金时期。他除了认真学好中学部开设的修身、国文、算术等各门功课外，还博览群书，特别喜爱中国历史。他从史书之中，从清朝腐败的政治中，感到东方古国应当革命。他写的《诸葛亮辅汉于蜀论》、《明太祖布衣起兵论》等文章，登在了《南明》杂志上。老师同学看后，都拍手赞好。此后，周逸群常常两三好友，指点江山，激扬文字，抒发内心的抱负。

　　周逸群的知识越多，对世道认识得越深刻，对那黑暗的社会越愤恨，他恨不得举利剑将这旧世界劈开。他关心时局的发展，特别关注贵州的政情，并努力了解发生的一切事变，积极投身到时代的洪流中。

　　1914 年 7 月，第一次世界大战爆发。日本帝国主义趁火打劫，侵占了我国山东半岛，接着，又诱逼袁世凯签订了"二十一条"。为此，全国人民掀起了空前规模的"抵御外侮"、"抵制日货"的群众性爱国热潮。周逸群满腔愤慨，和同学们一起走上街头，投身抵制日货的热潮中。

　　此时，报刊上刊登了中国留日学生组织归国请愿团，分别到北京及各大城市请愿、宣传抗日爱国活动。他们断指血书，集众演说。他们反帝爱国的言行，对周逸群产生了深刻的影响。

　　一次，周逸群邀约朱远怀等四位同学游贵阳光复楼。在交谈中，大家对时局都十分感慨，于是去附近的旧书铺借来笔砚，各题诗句于光复楼墙壁上。周逸群连作三首，诗里充满了对中华民族和国家前途的担忧，表达了他立志追随前辈革命到底、死而后已的决心。诗曰：

一

国事纷纷乱似丝，

瓜分祸到尚不知。

争名夺利闻墙畔，

无怪外人笑睡狮。

二

华夏男儿志气宏，

诗书抛却去从戎。

追随前辈创革命，

死到沙场是善终。

三

英雄事业担不轻，

为国为民具苦心。

埋骨何须桑梓地，

青山处处是佳城。

满怀革命志向的周逸群，不但敢作敢为，而且机智多谋。1917年暑假期间，他和熊汝宁等同学一起游阳明洞、知非禅林等名胜。在游前，东道主朱远怀说："知非禅林寺的住持姓张名介清，乞丐出身，哥老会义字大爷，是一个趋炎附势的小人。"周逸群听后说："我们戏弄他一下。"经过精心策划，周逸群扮作科长，熊汝宁扮作下人，手提布袋，袋内装有烟筒、烟丝等物，其他人随行。到了庙里，熊汝宁大呼："当家的在屋吗？"张介清听了不答。熊汝宁又大呼几声，仍无回音。于是熊汝宁就大吼道："我们科长来参观你的庙，怎么这样无礼！"张介清见来头不小，被逼而出。熊汝宁指着周逸群对张介清说："这是我们的科长。"张介清瞧见庄严郑重、气宇轩昂的周逸群后，才拱手哈腰地说："小僧无礼，介清不知是本县科长或是省里科长？"一边向周逸群赔礼道歉，一边呼唤徒弟沏茶上糕点。周逸群了解了他的姓名、庙里的情况后问道："你们的祖师爷是谁？"张介清哑口无言，周逸群讥笑说："你们的祖师爷都不知道，你们吃的穿的是从哪里来的？"说得一向狡诈的张介清满脸羞愧。离开时，周逸群狠狠地教训张介清："好好地守清规，多读经典！"

四年的中学生活，周逸群与同学们建立了深厚的友谊。当学友们回忆这段难忘的往事时，对他敏捷稳重的优秀品德、刻苦好学的精神仍记忆犹新，称赞他是一位有抱负的青年。

1917年秋，周逸群中学毕业，回到铜仁。这时，周自炳在铜仁成立了教育会，回到家乡的周逸群也被聘为教育会会计。他忠于职守，对人诚挚，尤不喜欢诳语，但在各种场合，对遇到的许多问题，经过自己深思熟虑后，都能提出很有见地的意见。

同年冬天，周逸群与伍老丫结了婚。妻子是操持家务的能手，婚后的生活美满幸福。周逸群是周家第三房，祖孙三代，他是唯一的命根子。亲朋们都劝他安心当家立业，结下香火后代，发家致富，光宗耀祖。但这并没能束缚周逸群的思想，他忧虑的是人民的痛苦、国家的兴亡。

1918 年间，周逸群徒步来到远离铜仁城三十多里的大溪沟。这里，有他父母生前购置的田产和庄屋。他同铁匠罗老先一起住在庄屋里。晚上，周逸群就同罗老先及老农们坐在屋边的晒坝上聊天。在闲谈中，他仔细询问了农村的土地占有、粮食收成、农民生活等情况。当了解到农民迫切希望得到土地时，他十分感慨地说："像我这样的人，拿田地做哪样？一不会耕，二不会种。"话音刚落，几个老农就议论开了，一个说："年轻人哪里晓得，我们祖祖辈辈都想得到几亩田，可它总是不挨边。"罗师傅半开玩笑半认真地说："拿田地做哪样？你不要就送给我吧！"另一个马上说："人家就是送你，你又保得住呀！"……听了这些话，周逸群的心被深深地触动了。入夜后，他辗转反侧，难以入眠。他想到孙中山所倡导的"平均地权"的主张，默默地说：总有一天要实现！到那时，天下劳苦农民都有了自己的土地，都成了土地的主人，该多好呀！

→ 负笈东瀛

★ ★ ★ ★ ☆

（23—27 岁）

随着对国情越来越深刻的了解，周逸群那颗救国救民之心愈来愈强烈，便与叔父商议，准备东渡日本求学。叔父见他是个有作为之人，自然支持。1919 年 3 月，周逸群辞去会计工作，准备前往日本留学。

临行前的头天晚上，周逸群特地来到族叔、叔娘身边，感谢他们的养育之恩。

回到家里，周逸群又同妻子商量日后家里的生活安排，把房屋田产等一切事务由岳父协助照管。同时，他还为尚未出世的孩子取名叫"灵龙"。

周逸群离开铜仁，来到了上海。他看到的是高大的洋楼、威风的洋人、显贵们的排场、黑势力的骄横，纸醉金迷，灯红酒绿，构成了一个花花世界。这与沿街乞讨、衣衫褴褛的乞丐以及他沿途见到的饥饿与贫困，形成了强烈的反差。这就是满目疮痍的祖国啊！

到了日本东京，周逸群无心游览闻名于世的富士山，观赏四月盛开的樱花，开始在东亚预备学校补习班进修日文。

周逸群刚到日本不久，五四运动爆发了，留日学生立即起来响应，声援国内斗争。作为一名新战士，周逸群在日本参加了反对日本帝国主义掠夺我国山东半岛的斗争，经受了一次战斗的洗礼。

1921 年 5 月，周逸群进入庆应大学经济学部预科学习。1921年下半年，直系军阀与奉系军阀的矛盾激化，双方积极扩军备战。这期间，北京反动当局突然中止留日学生经费，时间长达数月之久，使留日学生陷入困境。来自川滇黔三省的留学生受到的境况更糟。三省军阀政府对于公费留学生应汇寄的学款也扣留或延宕不寄，自费留学生也因汇兑阻滞，同样受困。于是，三省留日学生集会讨论这个迫切的问题。

在众说纷纭中，周逸群一针见血地指出：问题的中心是大小军阀忙于争夺地盘的混战，不顾学生死活所造成的。他主张留学界组织起来，就近向中国驻日公使馆理论，同时要取得留日学生总会的声援。他还建议立即行动，把三省学生组成为三个小组，每组推举代表十人。周逸群被推举为总代表。

这天一早，川滇黔三省留日学生就聚集在神田区中国青年会内，周逸群率领代表们前往中国驻日公使馆。老奸巨猾的公使胡惟德躲藏起来不见面。学生代表就在他的办公室静坐，在他的沙发上睡觉，以示抗议。周逸群和代表们在全体留日学生的声援下，坚持开展说理斗争，最终迫使公使馆答应借款解决留日学生生活费。为保障学习和争取基本生活条件的斗争，取得了胜利。

1922年2月6日，在华盛顿会议上，美、英、法、日、意、比、荷、葡和中国北洋军阀政府签订了《九国公约》，公约对中国主权和领土的完整进行了粗暴的侵犯。公约内容一公开，中国正义之士无不愤慨。

消息传到日本，中国留日学生立刻沸腾起来，掀起了声势浩大的声讨卖国的北洋军阀政府、反对华盛顿会议的斗争热潮。周逸群丢开书卷，积极组织这一斗争。他奔走于东京的明治、帝国等大学及士官学校之间，与中国留日学生进行广泛接触。有时，他在大学校园的集会上登台讲演，慷慨激昂地控诉列强侵略中国的罪恶行径，揭露中国军阀政府出卖国家主权的丑恶嘴脸；有时，他深入中国留学生中做细致的串联发动工作。

不久，中国留日学生联合会组成了归国请愿团，代表团由各院校推选的二十多名学生组成，周逸群被选为代表团的成员。为担负起这一重托，他毅然退学，随代表团一起回国。在上海逗留期间，他们召开大会，进行街头演讲。在转赴北京向段祺瑞政府请愿的途中，广泛深入地向民众宣传，与全国人民一起汇成了一股冲向反动势力的革命洪流，有力地声援了国内反帝爱国斗争。

这次斗争历时一个多月，请愿团在国内结束活动后，周逸群随

△ 青年时代的周逸群

团一起返回日本。

在日本，周逸群开始阅读马列著作，认真研究马克思主义，探求中国革命的道路。他认识到：中国革命必须走苏俄道路，才能成功。他在寄给家里的信中写道：中国要想达到我国人民几千年来所理想的大同世界，就必须彻底粉碎资产阶级体系，建立坚强的无产阶级体系，实行无产阶级专政，实现共产主义社会。

从此，周逸群萌发了武装斗争的思想。留日期间，他结识了在日本士官学校学习军事的贵州籍同乡毛景周。他俩经常接触，交流思想，讨论祖国的前途，抒发自己的抱负。周逸群帮助他认识要救国救民，必须走苏俄革命的道路，鼓励他从事革命武装斗争。周逸群的意见得到了他的赞同。1923 年春，毛景周在士官学校结业后，同周逸群一起回到祖国。

→ 办刊立言

★★★★★

（28 岁）

在上海，周逸群和毛景周一起研究了行动方案，决定到湘黔边去拉队伍。当时，这一带都被地方军阀把持。经过大半年的尝试，队伍也没有拉成。但是，湘黔之行让周逸群对军阀混战时期的贵州，尤其是家乡铜仁的现状，有了更深刻的认识。

1924年1月20日至30日，中国国民党第一次全国代表大会由孙中山主持，在广州举行，正式改组国民党，实行"联俄、联共、扶助农工"三大政策，形成了工人阶级、农民阶级与其他各民主力量的反帝、反封建的统一战线。周逸群在民主革命新形势的影响下，开始认识了中国共产党，并开始研究和宣传孙中山的民主革命思想。

当时，共产党和青年团的机关刊物《向导》、《中国青年》，还有很多介绍马列主义的书籍等，受到进步知识分子、特别是广大热血青年的欢迎。但是，在军阀统治下的贵州战乱连年，人民生活苦不堪言。加上地方反动势力实行愚民政策，一切新思想、新文化都受到压制和摧残。因此，广大青年迫切希望砸烂精神枷锁，推翻黑暗社会。

周逸群从湘黔边重返上海后，决心当一名记者，从事新闻工作，用自己的笔来传播马列主义、民主革命思想，号召贵州人民和青年团结起来，与封建军阀和地方反动势力作斗争。他一方面为上海《新建设》等杂志写文章，一方面联合从日本刚回国的李侠公等几位贵州籍青年，在上海共同创办了贵州青年杂志社，发行《贵州青年》旬刊。

1924年5月11日，由周逸群起草的《贵州青年》"创刊宣言"发表了。宣言开头的第一句话就说："可怜的贵州，推演到今天，

真是黑暗达于极点了!"接着, 宣言简明地表述了创刊的宗旨及主张:

我们对于"政治", 主张:(一)促进真实的民主政治实现;(二)唤起民众底阶级的自觉, 以与权力阶级对抗;(三)不持狭隘的地方主义, 于解决贵州问题时, 并企图解决国家问题。

我们对于"社会", 主张:(四)打破一切虚伪的不平等的制度;(五)唤醒青年向上的精神, 使之自拔于黑暗社会;(六)促进"互助"、"团结"的美德, 以训练团结生活。

我们对于"文化", 主张:(七)积极的灌输新思潮, 以唤起青年底知识欲;(八)改造因袭的人生观, 使一般人得着"人的生活";(九)铲除一切占据思想界底旧权威的黑暗势力;(十)促醒教育根本的注意点;(十一)希望我们贵州底新知识界诸君, 尽量地担负灌输或倡导文化底责任。

《贵州青年》旬刊宣言和第一期问世后, 受到了团中央和《中国青年》编辑部的重视。萧楚女撰文向全国青年推荐《贵州青年》, 热情地栽培这棵刚出土的幼苗。

周逸群早就听说过萧楚女, 但一直未能谋面。他与李侠公商量, 决定去《中国青年》编辑部拜访萧楚女, 以便进一步得到他的支持和帮助。起初, 他俩都以为萧楚女是一位才华横溢的女编辑、女作家, 见面后才知道是一位高大而魁伟的男同志。三人见面谈起此事时都忍不住捧腹大笑起来。事后, 他俩写了一首诗赠给萧楚女:

原来楚女非巾帼，

忧国忧民慈母心。

诛伐魑魅如椽笔，

九州风雨一奇人。

从此，周逸群在与萧楚女、恽代英的交往中，建立了亲密的革命友谊，并进一步认识了中国共产党。

《贵州青年》杂志社设在上海法租界哈同路民厚南里910号，租用两间房。因不够用，就用文件资料柜把房隔开，分别做编辑室、接待室和寝室。

周逸群精力十分旺盛，从采访搜集素材到拟稿，从审稿、编排到校对等工作，他都事必躬亲。在百忙中，他每天还要接待一批批贵州青年的来访，总是认真地解答青年朋友们提出的问题，帮助他们进步和成长。与此同时，他还向省内大力推介《贵州青年》，并广泛征集反映省内社会、经济、教育等方面的稿子。

《贵州青年》开始每期只印行几百份，后来增加到数千份。可是，经费仍然短缺。除了得到少量捐助外，大部分都靠周逸群家里寄钱来解决。他自己则同大家一起在附近的一家饭馆"包桌"，按月交纳伙食费，吃着经济实惠的饭菜，过着艰苦朴素的生活。

　　周逸群对当时全国的形势，尤其对西南的局势，有深刻的了解和敏锐的洞察力。他在《贵州青年》上发表了很多有见地的文章，对当时最有影响的就是《精神附北与实质附北》一文。它以客观的事实、精辟的分析，揭露了西南军阀投靠北洋军阀的罪行，阐述刘湘、赵恒惕代表精神附北派和刘存厚、袁祖铭代表实质附北派的表现。指出无论是精神附北或是实质附北，性质虽异，而同为附北，"我们既站在民主主义旗帜下说话，自然应该一律加以攻击"。但是，对于实质附北的袁祖铭，和他部下的官兵要严格地加以区分，"刘袁个人，虽然绝望，对黔军全体，仍抱着无穷希望……"

　　这篇文章的发表，对西南的政局以深刻的影响，促进了黔军广大官兵后来脱离北洋军阀的束缚，参加了国民革命军的阵容。它像利剑般地刺向封建军阀，震惊了北洋军阀政府。他们将这篇文章视如洪水猛兽，纳入了"北洋政府京畿卫戍总司令部"的秘密档案。周逸群也因此遭到通缉。贵州军阀使用了最卑鄙的手段，他们给在《贵州青年》杂志社的一封信中画了一支手枪，进行恐吓。但是，周逸群不畏强暴，坚定不移地继续战斗。

　　周逸群在上海主编《贵州青年》，虽然只出版了十二期，但已成为当时唤醒青年，向着黑暗势力冲锋陷阵的革命号角。

投身革命洪流

(1924－1927)

黄埔军校旧址纪念馆

→ 废书学剑

（28-29岁）

1924年5月，孙中山采纳了中国共产党的建议，在苏联帮助下，创办了黄埔军校，孙中山亲自兼任总理，委派廖仲恺为黄埔军校的国民党代表。同年11月，共产党人周恩来担任黄埔军校政治部主任，还有恽代英、萧楚女、聂荣臻等先后任教官或其他重要职务。党陆续从全国各地推荐一批批优秀党、团员和进步青年到黄埔军校学习。

这时，周逸群受到革命的熏陶，从思想上进一步认识到武装斗争的重要性与必要性。因此，他决心同全国的热血青年一道奔赴黄埔军校。

有一天，他在上海偶然认识了汪精卫，汪

△ 黄埔军校大门

精卫就极力想拉他加入国民党，并亲自为周逸群写信给黄埔军校校长蒋介石，要介绍他到黄埔军校去任职。不久，周逸群又突然接到黄埔军校总教官何应钦的来函，特邀周逸群去黄埔军校工作。

周逸群自接受马克思主义理论后，已经立志要加入中国共产党。国民党虽然和共产党合作，但加入共产党是他的政治夙愿，绝不动摇。因此，他经过慎重考虑，没有应允汪精卫提出加入国民党的要求，同时也拒绝了何应钦的邀请。至于到黄埔军校学习军事，将来从事革命的武装斗争，是他早已向往的。经过萧楚女等共产党人的介绍，他决心从戎，奔向黄埔。

1924 年 10 月，周逸群登上开往广州的轮船，起程前往黄埔军校。此时，他心潮澎湃，感慨万千，于是挥毫赋诗一首：

> 废书学剑走羊城，
>
> 只为黎元苦匪兵；
>
> 斩伐相争廿四史，
>
> 岂无白刃可亡秦？
>
> 从今不做书生态，
>
> 脱去蓝衫换战襟。

这首气势磅礴的诗，反映了周逸群的崇高理想和伟大抱负，表达了他坚定的革命信念。

周逸群来到黄埔军校，被破格补入第一期辎重队学习。他一面刻苦钻研军事，一面与共产党员广交朋友，以获得新的政治生命。他最早认识的是中共两广区委书记陈延年，在黄埔军校又结识了周恩来。有一次，周恩来与周逸群见面时谈起《贵州青年》，指出：你们最好是少写长文章，多写短文。揭露封建军阀勾结帝国主义，要联系实际，击中要害……使周逸群深受教益。

在与共产党人的广泛接触与交往中，使周逸群进一步认识到：只有中国共产党才是领导中国革命的核心力量。不久，由鲁易、吴明介绍，周逸群正式加入了中国共产党。

他在寄回家中的一封信中，附了一首词，真实地表达了他入党后的情怀：

硝烟弥漫中华，有斑斑血泪。遍体痕伤；军阀横行，列强争乱，九州魔怪猖狂。今日宏愿酬，一生交给党，斗志昂扬；愿为工农革命，洒热血一腔。

中共黄埔特别支部，是党在黄埔军校的组织。在第一期学生结业以后，特别支部进行了改选，周逸群当选为特别支部宣传委员。在周恩来的直接指导下，他干得非常出色。

当时，黄埔军校中的共产党员人数不多，难以适应形势发展的需要。而广大青年军人的革命热情空前高涨，迫切需要组织起来加以教育、引导，把他们紧紧地团结在党的周围。在这种情况下，周逸群和李劳工等共产党员发起组织"火星社"，吸收共产党员、青年团员及受革命影响的进步青年学生参加。

周逸群领导"火星社"，在黄埔军校学生中

积极宣传革命思想和共产党的政治主张，反映广大学生的正当要求和意见，对推动黄埔学生走革命道路发挥了很大的作用，成为共产党在黄埔军校中的有力助手。

由于国民党"一大"作出了共产党员、青年团员以个人名义参加国民党的决定。遵此决定，周逸群也以个人名义加入了国民党。

1925年初，国民党黄埔军校特别党部进行改选。周逸群等共产党员充分运用"火星社"的组织力量，发动群众开展竞选活动。结果，周逸群当选为特别党部第二届执行委员中的常务委员。

蒋介石作为黄埔军校校长，却在这次竞选中落选了，这让他狼狈不堪。廖仲恺考虑到他是校长，为使他便于工作，在执委会上向大家做工作，提出补选蒋介石为监察委员的建议。这样，蒋介石总算当了个监察委员。

事后，蒋介石耿耿于怀，常以此事为借口，攻击"共产党借国民党名义扩充势力"。

"火星社"在这次选举中的胜利，为全校民主开创了一个先例，大大加强了共产党在黄埔军校的政治力量。

在"火星社"中，周逸群和蒋先云是最为活跃的两个人，在学生中有很高的威信。因此，蒋介石总是千方百计地想拉拢他们。

一天，蒋介石破格邀请周逸群和蒋先云去他家做客。蒋介石时而以校长身份，表扬他们的工作和表现；时而又以师生之情，询问家庭状况、婚姻大事以及将来的抱负等，并表示愿意在经济上解囊相助，在事业上携手"合作"。蒋介石常用这种办法培植党羽。当时，确有一些意志薄弱或私心严重的人被他拉拢。但是，在周逸群、蒋先云这两位坚定的共产党员面前，蒋介石枉费心机。

早在日本留学期间，周逸群对孙中山就十分敬仰。来到黄埔军校后，听说孙中山几个月前主持了军校的开学典礼，并发表了重要演说，他为没能亲耳聆听而深感遗憾。于是，他写信给孙中山，同时寄上《贵州青年》旬刊，请求孙中山接见他们，并予以指教。

过了一星期，他们就在大元帅府得到孙中山的召见。

开始，孙中山对他们参加革命表示赞许，特别是对周逸群在日本庆应大学学习后又来当"武学生"，给予了很大的鼓励。

接着，孙中山阐明只有建立革命军才能完成革命大业的道理，指出陈炯明背叛革命，就是没有革命信仰，没有革命知识，缺乏做一个革命军人的条件，还强调了创办黄埔军校和改组国民党的缘由。

孙中山说，改组就是注入新血液。这恰像一个重病患者需要医生做外科手术一样，某个器官致病后失去了机能，就得割掉它，只有割掉，才能救护全身。党的改组工作也是这样。新血液是什么呢? 他说 : "就是你们这些青年娃娃呗! 青年娃娃是我们生命力的源泉啊! "

交谈中，周逸群向孙中山介绍了关东大地震后日本少壮军人对朝鲜人的大屠杀事件。孙中山感叹地说 : "一个民族亡了国，就这样地任人宰割。我们国家不团结起来讲求富国强兵之道, 行吗? 问题在于团结啊，而团结又在于大家要有共同的信仰。"

周逸群听了孙中山深入浅出的讲话很受启发，他不失时机地问孙中山 : "先生决心北伐，目前北洋军阀投靠帝国主义，势力大，革命军能够战胜吗? "孙中山笑而不答，反问 : "你说呢? "周逸群一反平时沉默寡言的常态，根据马列主义关于无产阶级革命的理论，胸有成竹地说 : "光靠黄埔学生和革命军的力量是不够的，必须联合工农的力量，武装工农，才能取得胜利……"他滔滔不绝的讲话，使孙中山连连点头，表示赞赏。

这次难忘的会见，进行了一个多小时。临别时，孙中山亲自把他们送出元帅府，并勉励他们 : "你们青年娃娃，不要以为我是大元帅，你们的前途更加远大，希望寄托在你们青年身上，在你们身上! "

为推动国共合作和实现国民革命，周逸群以极大的精力研究与宣传孙中山的民主革命思想。他撰文说："我们应该明了中山先生创办黄埔军校的本旨，是想以黄埔学生为革命军人的种子，将来要把这些种子播到全国，使全中国的军队都革命化，然后中国革命才有希望。"因此，军校以"本党最忠实的同志廖仲恺先生主持，同时采取苏俄红军的组织和训练的方法，军事与政治并重，所以黄埔军校的学生多是能明了他本身的地位，挺身做反帝国主义的前驱"。

　　周逸群坚定地站在革命统一战线的立场和国民革命的时代潮头，响亮地喊出："全中国革命军人联合起来！工农兵联合起来！我们是反帝国主义的前驱！我们是民族解放运动的先锋！我们拥护中山先生的联俄政策！我们拥护中山先生的工农政策！"当时在革命军人中产生了极大的影响力。

建"青军会"

随着大革命形势的迅猛发展，"火星社"无论从范围或是规模上，都不能适应革命形势的需要了。于是，中国青年军人联合会应运而生。

1925 年 2 月 1 日，在广东大学召开的三千多人参加的青年军人大会上，宣告了"中国青年军人联合会"的成立。周逸群、蒋先云等被推选为"青军会"的负责人。同时，"青军会"选出代表两人出席国民会议促成会。军人站在民众的利益上奋斗，这是史无前例的。

参加"青军会"的有黄埔军校、粤军讲武学校、桂军军官学校、滇军干部学校、铁甲车队、福安兵舰、军用飞机学校等。"青军会"的成立大会得到了广东革命政府、广州工会、农民运动讲习所以及惠州等地的工农兵学商各界的支持，给青年军人以很大的鼓舞。

这次大会，既是"青军会"成立大会，又是第一次东征誓师大会。全体革命军人一致拥护革命政府出师东征，讨伐反动军阀陈炯明，并提出了"不拉夫，不苛捐，不住民房"的口号。

为了做好战前动员，周逸群深入到军校教导团的士兵中了解思想情况。这次东征，是黄埔学生军首次参战。因为战事需要，有的人要在后方留守，但另一些人却乱加批评，不是说人家"借故"，就说人家"怕死"。因此，留守的人也就不安心工作了。

周逸群针对这些情况，及时地进行教育说服工作，并发表了《说牺牲》一文，阐述了东征的意义和正确理解牺牲精神，指出："我们革命，是为要解放我们被压迫的民族，实现我们的主义，不是拿我们的头颅去换什么'烈士'的头衔的。"所以，"我们只要看他是否恪守党的纪律，能否尽忠他的职务，便可以知道有无牺牲的精神"。文章对革命军广大指战员以极大的教育和鼓舞。

周逸群的工作取得了预期的效果。3月27日，广州的商报刊登文章，对革命军东征的纪律精神予以高度评价："学生军之受人欢迎，初不在战功卓著，而其纪律精神，亦有足令人起敬者……军行所至不扰民间一草一木，老妪妇孺，喜而挤观，鸡犬不惊，商市安堵。入夜无公家空房，则扎篷营露宿，东江人民父老，谓民国以来，仅此次所见，乃是真正革命军，真正卫国保民之革命军。"

周逸群等领导"青军会"，为东征组织了一批宣传品，其中致士兵的传单 50 万份，致农民的传单 10 万份和革命歌曲 5 万份。这些传单，随着革命军的胜利进军，通过行进在部队前面的各部宣传队，到各村庄演讲、散发，传到了东江地区的每个角落。

"青军会"在整个东征战役中作出的贡献，受到了各方人士的赞扬，产生了广泛的影响。在四川革命军中工作的旷继勋，了解到广州有"中国青年军人联合会"的组织以后，当即派钟克成前往广州联络，同时成立了"中国青年军人联合会四川分会"。北方国民军也有了"青军会"干部的组织；"青军会"应广西军队的请求，派出代表赴广西组织发展。这样，"青军会"的组织迅速地发展到全国各地。

1925 年 3 月 12 日，孙中山在北京逝世。13 日下午，周逸群等人立即召集青军会留省全体会员共千余人，在滇军干部学校开追悼会，发出"革命军人团结起来! 继续总理遗志! 完成国民革命的工作! "的誓言。

为了提高青年军人的思想觉悟和知识水平，周逸群不仅经常指导《中国军人》、《青年军人》等刊的编辑工作，而且还在黄埔军校内外公开散发中共中央机关刊物《向导》周报和其他宣传共产主义的书籍，同时，他夜以继日地撰写文章，陆续发表在《中国军人》或《青年军人》上，供青年军人阅读。由于工作繁重，他得了严重的痔疮，流血不止，但他依然笔耕不辍，把笔当做武器，不知疲倦地战斗着。

5 月 30 日，发生了帝国主义血腥屠杀上海工人的五卅惨案，在全国激起了反帝怒涛，革命风暴很快席卷广州。周逸群挺身而出，率领"青军会"会员与广州各界群众举行了声势浩大的示威游行，有力地声援了上海同胞反帝爱国斗争。

这场伟大的运动，促使中国革命势力快速发展，也促使许多革命者思考和总结。周逸群撰文说明了中国革命赋予无产阶级的历史使命。在当时，对无产阶级是中国民主革命的领导力量，还没有为全党所认识，而周逸群能从理论与实践的结合上论述这一观点，是难能可贵的。

广东革命势力的迅速发展，使帝国主义者和反动势力心惊胆寒。于是，英帝国主义等阴谋勾结军阀杨希闵、刘震寰叛乱。周逸群等觉察到杨、刘蓄谋叛乱时，他领导"青军会"在滇、桂军中发行《兵友必读》革命小册子，揭露帝国主义者的罪恶行径，使兵友大部分受到感化。在形势最紧急的6月5日，"青军会"下令所有滇、桂军军事学校的会员全部脱离滇、桂军。次日上午，滇军干部学校脱离二十余人，桂军军官学校脱离学生六十余人，见习官二十四人，很多士兵也脱离滇、桂军，使叛军失去了战斗力。这样，革命军仅在一星期内就完全平定了叛乱。

五卅运动后，中共两广区委又领导了省港大罢工。6月23日，广州工农兵群众共十万余人进行反英示威大游行，遭到帝国主义者的血腥大屠杀，制造了沙基惨案。在游行示威的队伍中，青年军人走在工人、农民、市民和学生队伍的后面，作为工农群众的坚强后盾。由于"青军会"会员和青年军人在镇压广州商团叛乱和滇桂军阀刘、杨叛乱中，都站在最前列，帝国主义对他们特别嫉恨。此时，帝国主义的枪弹专向青年军人射击，死伤惨重。这是中国青年军人运动第一次遭受帝国主义的直接摧残。他们用自己的血肉筑成了一道反抗外国侵略者的钢铁长城，显示了中国青年军人与工人运动结合的强大生命力。

1925年8月20日，国民党右派暗杀了左派领袖廖仲恺，这对国共合作的事业是一个重大打击。周逸群立即组织"青军会"宣传队，揭露反动派暗杀廖仲恺的罪行。他还带领宣传队，到江北的湘军、滇军等各部进行宣传演讲，激发了广大官兵的革命斗志。青年军人化悲愤为力量，取得了第二次东征的胜利，实现了广东革命根据地的统一。

9月，党指派周逸群专职领导中国青年军人联合会，担任联合会中央执行委员会委员，主持"青军会"工作。

在大革命的滚滚洪流中，周逸群等领导的"青军会"迅速发展壮大。仅八个月的时间，加入组织的就达两万多人，其支部已扩大到我国北方以至全国各地。

"青军会"的成立及其发展壮大，引起了国民党右派的恐慌。

1925 年 11 月，蒋介石秘密指使王柏龄、缪斌、杨引之等右派分子，在黄埔军校组建了"孙文主义学会"，网罗牛鬼蛇神，将矛头直接对准共产党领导的"青军会"。"孙文主义学会"分子用种种卑劣手段，偷窃共产党人文件，打击共产党员，蛮横地攻击"青军会"。他们经常寻衅滋事，企图谋害周逸群等"青军会"负责人。

在同国民党右派的斗争中，周逸群始终站在最

△ 黄埔军校中以共产党员和共青团员为骨干的"中国青年军人联合会"第一次代表大会人员合影

前面，他以流利的语言，犀利的笔锋，据理反驳国民党右派的谬论，深刻揭露他们反对孙中山的三大政策、反对共产党的真面目。

一天，周逸群被邀到广东大学演讲。演讲结束后，他还未走出校园，突然从路旁的阴暗角落里跳出两个人，向他猛扑过来。沉着、老练的周逸群奋力反击，但因寡不敌众，眼看就要遭到毒手，正在这危急时刻，广东大学的学生闻讯进来，赶走了袭击周逸群的潘佑强、杨引之。第二天，在广州街头，出现了要求严惩打人凶手潘、杨的大幅标语，"孙文主义学会"在广州被搞得臭不可闻。

但是，"孙文主义学会"分子并未因此收手。在黄埔军校的一次集会上，他们公开宣扬戴季陶的《孙文主义哲学基础》，把孙中山说成是周公孔孟的忠实信徒。为了戳穿蒋介石和戴季陶的反共阴谋，周逸群坚决支持周恩来向中共中央报告，提出反击。可是，陈独秀低估了与"戴季陶主义"斗争的重要性和必要性，迟迟不予答复。在这种情况下，周恩来当机立断，挺身而出，公开发表文章，猛烈抨击"戴季陶主义"。

与此同时，"青军会"在周恩来的亲自指导下，也发动了宣传攻势。周逸群等与周恩来一起共商策略，决定用漫画的形式来揭露"戴季陶主义"的反动性。经过精心的构思和艰苦的创作，一幅漫画终于成功了。画面上的戴季陶身穿长袍马褂，头戴瓜皮疙瘩小帽，十分吃力地背着一座孙中山的塑像，朝着阴森破败的孔庙走去，旁边站着洋人、军阀、党棍、财东，拍手称快。这幅漫画对国民党右派作了辛辣的讽刺和无情的揭露，很快贴遍了黄埔军校内外，引起了强烈的反响。

为进一步开展革命统一战线工作，1926年3月，中共两广区委书记陈延年约见周逸群等，要求以中国青年军人联合会会员为骨干，把滇、桂军中青年军人团结起来，成立"西南革命同志会"，在区委直接领导下开展工作。周逸群接受任务后，与贵州、四川、云南省籍共产党员研究，决定于3月12日在广州大佛寺召开成立大会。

会前，得知"孙文主义学会"分子组织暗杀队，要破坏这个大会。周逸群及时向区委汇报了这一情况，并作了充分的准备，负责同志都带了短枪，毛景周等负责会场的保卫工作，会议按原计划进行。

这天，参加大会的黄埔军校和各军代表，在滇、桂军中和滇军军官学校、滇军干部学校的川、滇、黔省籍青年军人千余人陆续来到大佛寺。各军负责人中，有第三军军长朱培德和国民党右派何应钦等人。何应钦的走狗、流氓王惠生，隐藏在阴暗的角落里，伺机行动。

大会由周逸群主持并向大会作报告，他那富于战斗性的讲话，不时被与会者的热烈掌声打断。他列举了大量事实，揭露了国民党右派破坏国共合作的罪行。会场上，愤怒的口号声此起彼伏。这时，何应钦急得满头大汗，再也坐不住了，于是推说有要事溜出了会场。紧接着，王惠生煽动性地大喊："这个会是共产党操纵的，大家不要听他那一套! 清除共产党!"同时拔出手枪向着主席台的周逸群射击。在这关键时刻，毛景周等挺身而出，机智地逮捕了王惠生，控制了"孙文主义学会"分子，使大会得以顺利进行，周逸群等安全无恙。

蒋介石由于"孙文主义学会"遭到一系列失败而更加仇视"青军会"，急欲除之而后快。1926 年 4 月 7 日，他利用校长之权，发布了《取消党内小组织校令》，借口"青军会"与"孙文主义学会"的斗争有违孙中山训导的"亲爱"、"精诚"的校训，下令解散这两个组织。

"青军会"为了顾全大局，以利革命，于 1926 年 4 月 10 日向全国发出了《中国青年军人联合会宣布解散通电》。通电说："本会为巩固革命势力，统一军队观念，取消骈枝，国帑不可滥费起见，特决定自行解散。"同时，周逸群等七人以中国青年军人联合会中央执行委员会的名义致信"孙文主义学会"，呼吁加强团结，一致北伐。可是，"孙文主义学会"迟至 4 月 21 日才公布所谓的"解散宣言"。

不久，周逸群参加了中共两广区军事委员会工作，担任政训部宣传科长。在此期间，他积极培养干部，发展党、团员，为革命输送了一批人才。1955 年被授予上将军衔的杨至成就是其中的一员。他后来回忆说："当年在广州，遇着幼时相识的周逸群同志，他作党团工作，经他的帮助……即由他介绍入共产主义青年团。"

→ 投身北伐

（30-31 岁）

1926 年 7 月，国民革命军正式出师北伐。以共产党员叶挺率领的独立团作为西路军的开路先锋，在 5 月已挺进湘南。此时，贺龙也率部从贵州铜仁出发，直指湖南常德。8 月，贺龙部正式编为国民革命军第九军第一师，贺龙任师长。

周逸群随北伐军进入长沙。7 月中旬，国民革命军为加强部队政治工作，在长沙成立了总政治部。这时，周逸群接受了政治部交给的新任务，组织北伐军左翼宣传队，并任队长，在长沙培训数十名队员，绝大多数是党、团员。他吸取苏联红军和黄埔军校中政治工作经验，以革命的思想、生动的形式进行培训，大大提高了学员的政治素质。

周逸群圆满地结束宣传队的培训工作后，奉命率领这支宣传队奔赴驻在常德的第九军第一师。

8月上旬的一天，周逸群率队来到常德，受到了贺龙部的热烈欢迎。

第二天清晨，周逸群去拜访贺龙。当他跨入师部时，贺龙正在洗漱。不一会儿，贺龙健步走来，紧紧地握着周逸群的手，说："欢迎，欢迎！"两人初次见面，就像亲密战友胜利重逢一样。贺龙告诉周逸群，驻军铜仁期间，他通过周逸群的亲友，读到了"中国青年军人联合会简章"、《中国军人》、《青年军人》等宝贵资料，还看到了周逸群介绍广州的革命形势、宣传共产党的主张和革命道理的信件，使他受到了很大的启发，打开了眼界。贺龙后来回忆说："这对于我是第二次思想上的推动。"

贺龙还对周逸群表示歉意地说："很对不起，我的部队在贵州铜仁吃了你家的粮食。"周逸群笑着说："不要紧，只怕革命军吃少了，越吃得多越好！"

交谈中，周逸群讲了世界的局势、中国的现状、北伐的任务等，特别是他谈到国际共产主义运动、俄国十月革命和中国共产党的主张后，使贺龙对马克思主义和共产党有了初步认识。当天，贺龙把周逸群介绍给部下军官时，连连称赞道："人才，人才，共产党里就是有人才啊！"

第三天，贺龙就向周逸群提出了加入共产党的要求。周逸群对贺龙说："共产党是不关门的，只要创造条件，一定有人来找你。"

从这时起，左翼宣传队队员陆续分到九军、十军工作。在贺龙的再三挽留下，周逸群与其他二十多名队员留在了第一师，担任师政治部主任。

周逸群和他率领的政工干部，给第一师带来了新的气象。他们就像一滴滴红水落到缸里，逐渐扩散，改变着部队的颜色。

上任后，周逸群向贺龙提出了改造部队的建议。他说，改造部队是可能的，而且能够实现的，但光靠广东派干部来不可能，要靠自己培养。可以从部队中抽调一部分青年军官，再招一些学生，办个学校进行训练。贺龙完全接受了他的建议，并要他负责这项工作。

培训干部的学校定名为"国民革命军第九军第一师政治讲习所"。筹建时，贺龙请周逸群任所长，因为周逸群政事繁忙，就委任师部秘书长严仁珊为所长。政治讲习所的领导权始终掌握在周逸群和贺龙手里，成为贺龙部培养军政干部的摇篮，先后为左翼部队培养了两千多名基层军官，其中贺龙部就有八百多人。

1926 年 9 月下旬，政治讲习所正式在常德"玄都观"开学，开设政治、军事、历史等科和进行军事训练。

投身革命洪流

周逸群拟订的训练计划，开始时遭到了师参谋长陈图南的反对，不同意安排每天上一堂政治课。周逸群坚持政治课非上不可。贺龙听取了双方的意见之后，毫不含糊地支持周逸群，并让他俩每周都去上一次课。

周逸群的演讲内容主要是工人、农民的贫困和国家、民族的灾难，他分析这些贫困和灾难的根源；他介绍广东、湖南的群众运动、北伐战争的形势、国共合作的情况。他讲得通俗易懂，生动活泼，每次演讲时会场都十分活跃。这与陈图南的高谈阔论、言之无物形成了鲜明的对比。

每当周逸群演讲的时候，贺龙总是排开事务，亲自参加。他常常被周逸群的演讲深深地吸引，不时地站起来插话，用他亲身经历的事情作证明，或者讲个笑话去作补充，使周逸群的演讲气氛更为浓厚。团长刘达五后来回忆说："我感觉到，这位年轻的政治部主任不仅是士兵们的好老师，也是我的好老师。他使我明白了许多过去没有明白或者还没有想到的道理。"

1927年3月，政治讲习所学员在湖北鄂城正式结业，陆续分到部队担任营、连长或指导员，成为该师的骨干力量。

与此同时，周逸群积极着手建立部队的政治机关。他把带来的宣传队员分配到师、团从事政治工作，配备了各级政工人员，制定了政治工作制度。他经常深入基层，跟战士谈心，培养积极分子，发展党、团员。

在周逸群和贺龙的友好合作和共同努力下，经过短短的几个月，通过加强革命骨干，确立政治工作等措施，第一师的革命武装焕然一新。

8月中旬，北伐军分三路向吴佩孚发起总攻击，第九军编入袁祖铭指挥的左翼军。但是，袁祖铭还在贵州铜仁止步不前。贺龙眼看左翼军群龙无首，于是致电北伐军总司令蒋介石，要求派督师的党代表吕超暂代北伐军左翼总指挥。接着，又致电总司令部誓于最短时间收复澧州。

在研究如何攻取澧州的会议上，周逸群听完贺龙的介绍后说："我们直取澧州，敌人肯定有准

△ 国民革命军在行进途中

备，不易拿下。采取从侧翼绕到石门，再从石门攻取澧州，乘敌不备，一举歼灭之。"攻占澧州后，贺龙十分佩服周逸群的战略战术思想，说他不仅懂政治，军事上也有一套。

攻占澧州后，第一师与第八军教导师一起，担负警戒公安、石首一线之敌的任务。为了策应北伐主力会师武汉的战略需要，周逸群及时提出"非急攻荆沙，无以释西顾之忧"的战略，得到了吕超的同意，并委托他召集"两贺一杨"师长会议，决定出师荆沙。但不久，贺耀祖师调往右翼作战，给贺龙、杨其昌两师入鄂带来了困难。为顾全大局，周逸群全力支持贺龙出师。

9月14日，第一师攻占公安县城，之后占领了杨林寺、拓口、藕池各要隘，接着进攻宝石山，截断当阳之敌退路，肃清了江南之敌。尔后，贺部配合友军主攻宜昌。1926年11月，贺龙在常德参加军事会议后回到澧州，召开了作战会议。对主攻宜昌作了动员和部署。会上，周逸群向各团政治指导员布置了作好战前动员、战地宣传、组织民众搞好后勤支援等任务。这一切，对于旧式军队都是很新鲜的东西。

宜昌克复后，周逸群领导师政治部和各团的政治工作人员立即发动政治攻势，宣传"缴枪不杀，去留自由"的俘虏政策。敌军士兵听到宣传，知道大势已去，纷纷放下武器投降。北伐军俘虏了两个整师的敌人，缴获了全部武器装备。

1927年1月，周逸群随部进入武汉。2月中旬，第一师在湖北鄂城改编为国民革命军独立第十五师，周逸群继任师政治部主任。3月25日，叶挺在武昌就任二十五师师长，并兼任武昌卫成司令。周逸群与贺龙应邀前往祝贺。

在北伐战争和工农运动迅猛发展的形势下，以蒋介石为代表的右派势力蠢蠢欲动，加紧反革命政变的步伐。在独立十五师内部，两种思想、两种势力的斗争日益明显。左派是以周逸群为领袖，以广东来的新生力量为骨干，半年多来，在下级军官和士兵中发展了上百名的共产党员。他们在十五师的资历虽然较浅，但有贺龙的大力支持，得到中、下级军官和广大士兵的普遍拥护。右派是陈图南纠集的一批反动军官。这些人资历较深，实力雄厚。陈图南一伙首先把矛头对准共产党，攻击周逸群，无故找共产党员闹事，排斥进步军官的现象常有发生。

4月中旬，独立十五师在整装北上的前夕，突然发生了一次闹饷事件。驻扎在湛家矶的一团一营四连连长首先发难，并波及到二营，各营都闹得沸沸扬扬。贺龙与周逸群商量后，亲自到一团驻地解决，在全团官兵欢迎会上，遭到一个被四连连长收买了的士兵李清林的枪击，幸好安全无恙。经调查，闹饷事件完全是陈图南一手策划的。周逸群及时将此事报告国民政府和武汉公安局，将陈图南等人逮捕法办，平息了动乱。周逸群深知，枪击贺龙就是要清除共产党的影响。经历了这次事件，周逸群的革命意志更加坚强了。

1927年4月12日，蒋介石发动反革命政变，革命形势急转直下。武汉国民政府为了打破面临的军事包围和经济封锁的严重局面，决定进行第二次北伐。

4月下旬，独立十五师奉命出师河南，与其他友军一起攻击奉系军阀张作霖，隶属一路纵队指挥，担负右翼进攻的任务。

贺龙、周逸群在这次行动中，一开始就很注意群众工作，强调革命军的纪律，这是北伐胜利的重要保证。

当部队向河南进军时，在九里关一带遇到了"红枪会"的阻挠。"红枪会"的大部分成员都是当地农民。如何对待这些受欺骗裹胁的群众，这是周逸群在开展政治工作中必须认真对待的问题。他吸取了原来其他革命军在河南"只拉拢军队，而忽略了农民"使革命失去农民支持、造成严重的困难的错误教训，决定采取宣传教育的方法，争取群众，瓦解其组织。

贺龙、周逸群经过周密研究后，在广水召集团营以上军官开会进行传达部署。当贺龙谈到采取文武夹攻、有软有硬的方法打"红枪会"时，有人就提出疑问："软？软能打败敌人？怎么软法？"贺龙听后就将目光转向周逸群，说："关于软的问题，就是政治的办法。这个我也说不周详，现在请周主任说说。"

周逸群站起来说："贺师长经常讲的，这次北伐，一打奉系军阀，二为民众解除痛苦。但蒋逆奉张操纵'红枪会'，把水搅浑，反对北伐。我们奉令清剿，是硬的；软的是要注重政治宣传，分化瓦解敌人。这种软办法，软中带硬。它力量很大，比机枪大炮的力量还大。你一枪才解决一个敌人，政治工作一下能解决成千上万的人，你们看哪个厉害？当然，光软也不行。软硬夹攻，相得益彰，更能取胜。"

他接着说："第一，师长和我联名出个安民告示，贴到各县集镇；第二，各团营指导员与中央农运同心配合，组织宣传小组，一面参加战斗，一面动员民众瓦解敌人，维护铁路、电讯畅通；第三，对于俘虏，除了持枪行凶顽抗者外，不准乱杀。"最后他还吟诗鼓励军官们："'三关不破我军危，二次北伐转乾坤'，不知各位意见如何？"顿时，会场响起了热烈的掌声，这是军官们对周逸群讲话的最好回答。

会后，以师长贺龙、政治部主任周逸群的名义发布了布告，以通俗易懂的语言，宣传了国民革命的目的和政策，批驳了各种反动谣言，揭露了匪徒的破坏活动，反映了农民群众的愿望，得到了河南人民的拥护和支持。在贺龙、周逸群的指挥下，独立十五师先后占领九里关、插旗山等地，并打退了敌人的反扑，致使"红枪会"迅速土崩瓦解，胜利完成了保卫京汉铁路侧翼的任务。

解决"红枪会"以后，独立十五师配合友军向河南纵深发展。5月18日，周逸群、贺龙分别在十里铺、驻马店参加"铁军"政治部主任廖乾吾召开的政工会议和总指挥唐生智召开的军事将领会议。两次会议根据河南前线捷报频传、武汉后方发生夏斗寅叛变的形势，作出了"力持镇静，乘胜歼敌，打败奉军"的方针。会后，贺龙向周逸群坦诚地说，为了要打败奉军，不管他武汉变化如何，我军事上听唐生智的，政治上听共产党的！周逸群听了表示赞赏与支持，紧紧地握住了贺龙的手说："我们又想到一块喽！"

5月24日，贺龙、周逸群指挥部队向盘踞在逍遥镇一带的奉军主力第八军发起进攻，下午6时，攻下逍遥镇，经过激烈的巷战，终于打败了奉军。接着，贺部又迅急增援临颖友军，从而取得了决战临颖的胜利。

6月2日，独立十五师首先攻克开封。入城后，贺龙、周逸群立即着手恢复稳定城市秩序，镇压反革命破坏和防止敌人的反扑等活动；同时，广泛地开展群众工作，与友军联欢，并共同致电武汉政府，表示决心"发展农民运动，拥护三大政策"，清除一切反动势力。

1927年6月17日，武汉国民政府将独立十五师扩编为国民革命军第二十军，任命贺龙为军长，周逸群为政治部主任。

6月下旬，贺龙、周逸群率部回师武昌。

→ 东征讨蒋

1927 年 7 月初，汪精卫集团的反共步伐大大加快，局势越来越危急，但陈独秀仍然企图以投降式的让步来拉住汪精卫集团。为挽救中国革命，中共中央根据共产国际的指示，于 7 月 12 日进行了改组，成立了以周恩来等同志组成的临时中央常务委员会，结束了陈独秀在中央的领导。临时中央发表了《中国共产党中央委员会对政局宣言》，严厉谴责了武汉政府和国民党中央的反动罪行，决定疏散干部，保存革命力量。

一些被反革命追捕的两湖各地农民协会领导人和积极分子陆续投奔二十军找党组织，许多武汉工人纠察队员也带枪转移到二十军。

周逸群把他们当成党的宝贵财富，充实到

二十军中担任骨干，从而加强了党在二十军中的政治力量。他每天都要接待、安排一批党内同志和工农干部。1927年7月初，在武汉保安总队任职的侯镜如，奉组织指示到鄂城接任周逸群兼任的二十军教导团团长；武汉军校负责人恽代英将该校炮兵营指导员文强介绍到二十军政治部，周逸群将他安排到政治部担任助理秘书；共青团员杨至成从武汉分校结业后也分来二十军，担任连指导员。

这期间，周逸群的工作非常繁重。他要找农民协会的负责人谈话，要同贺龙一块儿接见前来报到的武汉工人纠察队的同志，还要挤时间给二十军官兵做思想政治工作。此外，又要争取有利时机，深入其他部队，开展兵运工作，完成党组织赋予他的特殊使命。

这时，周逸群的岳父伍文彪从铜仁来到武汉，告诉他的妻子和孩子先后去世的噩耗。

周逸群强忍着内心的悲痛，对岳父说："我现在重任在身，不能返家，全靠您老人家照料了。"他告诉岳父，把所有的田产都分给当地贫苦农民，房产全部赠给当地的教育会办学。

贺龙知道此事后，多次劝慰他，希望他另找一个革命伴侣。周逸群坚定地回答："革命不成功，我坚决不谈这个问题。"此时的周逸群，关心的不是个人的不幸，而是二十军的前途、中国革命的前途。

他同贺龙商量如何把二十军领导好，使它走上武装反抗汪精卫，并进一步打倒蒋介石的道路。据二十军警卫连连长黄霖回忆："在这些紧张的日子里，有几次吃过晚饭后，我看见贺老总和周逸群同志在军部二层楼楼顶的平台上并肩来回踱着，他俩各拿着一把大芭蕉扇，有时在交谈，有时在沉思。他俩对革命的前途问题，在共同思考着、研究着……"

周逸群的亲密战友贺龙，面对现实，挺身而出，毅然决然地宣布跟共产党走。他对周逸群说："现在时局这样紧张，我是坚决执行共产党的决定和政策，服从共产党的领导，所有派到我部队工作的共产党员，不要离开，还要继续做政治工作。"周逸群听了非常高兴，并及时向周恩来作了汇报。

周逸群为了贺龙的安全，也便于中央领导同志与贺龙接触，在征得贺龙的同意后，经与党中央联系，将贺龙的寓所从英租界辅堂里 92 号，搬到苏联公使馆内。6 月 30 日至 7 月 1 日，周恩来在周逸群的安排和陪同下，专门拜会了贺龙，与贺龙进行了坦诚的交谈。贺龙向周恩来表示，我听共产党的，决心同蒋、汪这班人拼到底。这次会见，成为他思想转变的一个转折点，也是他参加南昌起义的思想基础。

这期间，临时中央曾酝酿过武汉起义，动员叶挺的十一军和贺龙的两个师，利用阵亡将士追悼会和几个新军长就职典礼的时机举事。然而，两次都未能实施。后来周逸群对贺龙解释说，放弃这两次起义的机会，是因陈独秀的妥协退让，想寄托汪精卫来挽回危局。贺龙听后更加心明眼亮了。就在汪精卫正式提出"东征案"后不几天，贺龙高兴地对周逸群说："过去我政治上听共产党的，军事上听唐生智的；现在我在政治上、军事上都听共产党的。"

7月10日，贺龙和周逸群率领二十军向九江进发，准备东征讨蒋。沿途受到了工农群众的热烈欢迎。经过几天的长途行军，部队到达湖北的阳新城四周宿营。当地的工人和四郊农民都积极动员自己的纠察队员参加二十军。工人代表团把一支系着红带子的步枪赠给贺龙，红带子上写着："献给工农利益的保卫者。"

7月中旬，中共湖北省委根据临时中央关于迅速将从各省撤到武汉集中的干部进行疏散的指示，派一些干部补充到二十军。周逸群遵照上述指示，与贺龙一起在石灰窑组建了一个鄂东补充团，编为二十军第六团，这个团和教导团直接由军部领导。这两个团的基层干部和士兵除了党陆续派来的一些骨干，绝大部分是沿途参加的工农子弟和进步学生。虽然没有经过正规的训练，但他们的觉悟都很高。在周逸群、贺龙的亲切关怀下，第六团和教导团不断发展壮大，成为二十军中的新生力量。

二十军在从武汉开赴九江的途中，汪精卫发动了反革命政变。这对二十军广大官兵，无疑是一个严峻考验。

△ 北伐时期的贺龙

　　1927 年 7 月 17 日晚，周逸群在湖北黄石港的石灰窑，主持召开了二十军连以上军官大会。贺龙在会上愤怒地宣布了汪精卫公开叛变革命的消息。接着，他讲了关系二十军前途的三条路：第一条路，我们把队伍解散，大家都回老家去。第二条路，跟蒋介石、汪精卫去当反革命，屠杀共产党，屠杀人民，屠杀自己的工农兄弟。这两条路，与会干部多数回答根本行不通。贺龙也坚定地表示：不管在怎么困难和危险的时候，就是刀架在脖子上，他也绝不会走这样的路。第三条路，为工农劳苦大众的解放而战斗，坚决跟着共产党走革命到底的路。在贺龙对党的崇高信念和革命决心感染下，这条路为大多数干部所拥护。周逸群最后作了总结性的发言，他号召全军官兵要拥护共产党，团结一致，服从命令，听从指挥，准备同屠杀共产党人、屠杀工农革命群众的反动派斗争到底，革命到底。

这次大会，是二十军东征以来具有历史意义的一次大会，为二十军参加南昌起义，在思想上作了一定的准备，成为二十军跟着共产党走向革命的伟大转折点。

战斗在湘鄂西

（1927−1931）

→ 南昌起义

★★★★★

　　1927 年 7 月 23 日，周逸群与贺龙率二十军抵达九江。

　　几天前，谭平山在九江召集了邓中夏、李立三、叶挺等参加的座谈会，决定抛弃依赖张发奎的政策，把党所掌握的军队尽快集中到南昌，与二十军联合举行南昌暴动。会后，邓中夏、李立三赴庐山就上述决定与瞿秋白商议。瞿秋白表示完全赞同，由他去武汉向中央报告。

　　23 日晚，谭平山来到九江，拜访了贺龙，周逸群也在座。谭平山把共产党准备南昌暴动的打算告诉了贺龙，并征求他的意见。当贺龙谈到他之所以再三表示听共产党的，跟汪、蒋之流拼到底的决心时说："是因为有周逸群这样的好帮手。"贺龙还坦诚直言：南昌暴动，无论成功与失败，我都干！但拉张发奎我不干。谭平山和周逸群对他很有见地的表态，十分赞赏。这样，起义的基本队伍落实了。

瞿秋白到武汉向中央汇报了李立三、邓中夏等关于发动南昌暴动的提议，中央表示赞同，决定组

△ 南昌起义指挥部旧址（原江西大旅社）

织党的前敌委员会负责领导这次暴动。

7月25日,周逸群与贺龙奉命率二十军从九江乘火车开赴南昌。这天夜晚,乌云翻滚,风雨交加,每经过一站,几乎都见到待命出发的武装部队以及堆积如山的辎重行李。在风雨中前进的二十军,显得格外庄严肃穆。

第二天,二十军进抵南昌,军部设在西大街圣公会。周逸群和贺龙、谭平山、恽代英、刘伯承等人都住在军部,为武装起义积极进行准备。

此时,程潜部一个团也跟到南昌,似有监视二十军和叶挺部的迹象。周逸群与贺龙得到报告后,立即商量对策。在这种情况下,贺龙建议提前举行暴动。

7月27日,周恩来秘密到达南昌。当天,他听取了朱德关于南昌以及江西敌情的详细汇报,接着主持召开会议。周逸群参加了这次重要会议。周恩来在会上传达了党中央决定在南昌举行武装起义的指示,正式组成了党的前敌委员会。同时决定以贺龙、叶挺、谭平山、周恩来等组织国民党的特别委员会,公开主持暴动。任命贺龙为起义军总指挥,叶挺为前敌总指挥,刘伯承为参谋长,朱德也担任重要领导职务。武装起义的领导核心就这样形成了。由于考虑到军事上准备不及,将暴动时间由原定的7月28日改为30日。

会后,周逸群回到二十军指挥部,将会议精神传达给贺龙。

7月28日,当周恩来来到二十军军部会见贺龙时,周逸群告诉贺龙：周恩来同志经党中央决定，前来担任中共前敌委员会书记，负责组织和领导武装暴动。贺龙当即向周恩来表示："我完全听从党的指挥，党说怎么办，我就怎么办。"并接受了担任起义军总指挥的重任。他说："无论南昌暴动成功还是失败，我都干。失败了，我就上山。"

接着，周逸群根据前委扩大会议的部署，同刘伯承一起帮助贺龙制订起义计划。他们经过几个昼夜的奋战，起义的作战方案终于搞出来了。

起义前的一切准备正在紧张地进行。7月29日上午，二十军召开师长、团长会议，贺龙在会上作了起义的战斗动员，周逸群宣布了中国共产党前敌委员会任命贺龙为起义军总指挥的决定。下午，在军部召开的连长以上军官大会上传达了上述精神，这实际上是一次武装起义前的干部动员大会。

7月31日晨，贺龙、叶挺接到了张发奎的电报，称张发奎将于8月1日到南昌。这一突发情况，给贺龙、叶挺以及前委以极大的压力。当天上午，前委在二十军军部召开会议，周逸群和贺龙出席了这次会议。在会议上，周恩来强调了武装起义的紧迫性，决定8月1日凌晨4时举行起义，由叶挺起草命令，以贺龙的名义发布。

当夜约十一点三刻，周逸群和贺龙、刘伯承等来到起义军总指挥部门口，密切注视着"八一"零时这个伟大时刻的到来，他们站在那里，掌握部队的动向，指挥部队的行动。起义前，由于二十军第一团一个姓赵的副营长向朱培德部告密，所以，前委临时改变计划，起义的时间提前两小时，"至晚十二时半，即发现枪声"，战斗就开始打响了。

这是一个惊天动地的夜晚。在离二十军指挥部不到二百米的敌第五方面军总指挥部，是起义军攻击的主要目标。敌人据守有利地形，凭借二十多挺机枪，负隅顽抗，并企图摧毁我指挥部后进行反扑。这时，周逸群、贺龙、刘伯承冒着枪林弹雨，坚定沉着地指挥战斗。二十军两个团担任正面主攻，在战斗最激烈的时刻，贺龙把自己的手枪营派去支援，由后门夹击敌人。起义军经过三个小时的激烈战斗，消灭守敌一个警卫团，占领了敌人指挥部。

8月1日凌晨，起义军占领了整个南昌城，一面面鲜艳的红旗在南昌城头高高地飘扬。

按照中共中央的计划，起义军在攻击朱培德部后直奔东江，以与广东农民运动相结合，再取广州。

8月2日，中国国民党革命委员会以主席团的名义发布命令：任命周逸群为国民革命军第二十军第三师师长，下辖教导团和第六团，共一千五百余人。

8月3日，起义军按照前委的部署，开始撤离南昌，向广东进发。

在进军途中，蔡廷锴带领第十师，将起义军在该师的三十团裹走。蔡廷锴原为革命委员会军事参谋团成员，在他逃脱之后，革命委员会决定周逸群补为参谋团成员。

△ 八一南昌起义纪念塔

起义军到达抚州，周逸群正式就任第三师师长，徐特立任政治部主任。在抚州，周逸群用半天时间对部队进行了必要的整顿，还召开了三师党员活动分子会议。在他亲自主持的这次党员大会上，恽代英对形势作了分析，说明起义军必须放弃南昌，只有南征才有出路的道理。通过这些活动，第三师的士气更加高昂。接着，起义军兼程南下，经宜黄向广昌前进。

在广昌，总指挥部改变部队进军序列，将起义军分为两路：叶挺率领的十一军为右路纵队，贺龙率领的二十军为左路纵队，两路纵队于8月18日在壬田市会合，然后进入瑞金。这时，敌钱大钧部的两个团在壬田市的前方布防，企图阻止我军入粤。因此，贺龙亲自率领一、二两师及三师教导团的一、二总队攻击前进。周逸群带领教导团第三总队和第六团，掩护革命委员会前进。

18日下午，我军在壬田市与敌发生激战。战斗持续到第二天早晨，敌人才开始崩溃。因十一军赶赴战场太晚，致使二十军损失很大，第三团团长阵亡，第四团团长身负重伤，共伤亡百余人。周逸群率部与革命委员会诸同志到达壬田市时，战斗已经结束。19日，我军全部进入瑞金城。

从南昌到瑞金，在陡峭的山路上，周逸群不时向周恩来汇报贺龙多次要求加入共产党的情况，他已接受了贺龙的要求，同意作为贺龙的入党介绍人之一。

8月25日上午6时，我军与敌钱大钧部再次发生激战。晨雾刚散，周逸群率领的佯攻部队，由朱德发出攻击命令首先向敌人开火。敌二十师在我军猛攻下，向会昌败退，有全体瓦解之势。三师追击十余里，至离会昌二三里地，敌又突然增加三个团，组织密集队形，轮番地向三师阵地冲锋，进行猖狂反扑。由于主攻部队迂回前进，延缓了攻击时间，因此，敌人火力全部集中到正面，三师与敌鏖战了四个钟头，一次又一次地打退了敌人的冲锋。然而，三师的伤亡很大，第六团只剩战斗人员百余名，后撤三十余里；教导团退至右翼高山，坚持抵抗。

当第六团炮兵阵地濒危时，周逸群亲临阵地指挥，急令特务连增援炮兵阵地。接着，又动员师部的军官及勤务兵，凡持武器的都上了火线。战斗打得十分艰苦，我军寡不敌众，伤亡惨重。教导团团长侯镜如、第六团一营营长陈赓等身负重伤。尽管如此，三师的军旗始终屹立在阵地上！

战斗打响两小时后，叶挺率主力到达预定地域，引开了敌人，减轻了三师的压力。经过激烈的战斗，敌人全面败退，下午4时，我军进入会昌城，俘敌九百余人，缴获武器一千多。我军在取得会昌战役胜利后返回瑞金。在瑞金，周恩来将贺龙的入党要

求提到前委会上讨论。前委会议一致批准了贺龙
的入党要求。周逸群作为贺龙的入党介绍人，向贺
龙表示了最诚挚的祝贺。从此，我们党的肌体又增
添了一滴新鲜血液。

9月24日，起义军乘胜占领潮州、汕头，前委
和革命委员会进驻汕头。此前，朱德率第二十五师
留守三河坝，以监视梅县方向之敌。之后，叶挺、

△ 南昌起义雕塑

贺龙率十一军第二十四师、二十军第一、二师在揭阳一带集结，而周逸群则率第三师担负了保卫潮、汕的重任。

9月28日，我军主力开始由揭阳向汤坑之敌攻击。参战的敌人计五个师约一万五千人，相当于我军三倍兵力，在分水、汤坑之间与我军激战三昼夜。我军伤亡过半，在无兵员补充的情况下，不得不撤退。此时，敌人又以一部兵力进攻潮州，以海军攻汕头。汕头敌人虽被我军击退，然而潮州却处于危急之中。

第二天下午，周逸群接到前线总部消息：敌两个师正在向潮州前进，预料最快在29日晚或30日上午必与我潮州部队接触；我主力军准于29日拂晓向汤坑之敌攻击，将该敌王俊部歼灭后，即不分昼夜向敌追击，驰援潮州。因此，命令周逸群死守潮州。潮州自古以来本无险可守。但他坚决执行命令，保卫潮州，支持待援。

30日上午9时，第三师教导团第二总队首先与进攻之敌发生战斗。到11时，敌人猛烈向我军阵地攻击。周逸群命令第一总队增援，第二总队扼守铁道，第六团坚守在潮州西南笔架山一线。

敌人组织了敢死队，在炮火掩护下，整队整队地向笔架山冲锋。第六团刚组建不到两个月，绝大部分是新兵，没有经过大的战斗锻炼。但在保卫潮州的战斗中，打得勇猛顽强，在与敌反复冲杀后，每个连队伤亡过半，教导团各总队也连续打退敌人数次冲锋。

战斗持续到下午3时，敌军约一个团的兵力，分成三股，沿潮汕铁路突然向第三师司令部扑来。周逸群指挥手边仅有的特务连不足一连的兵力，坚决抵抗。在敌军正面部队已冲上丘陵起伏的西山高地、合围的圈子越来越紧的危急情况下，周逸群从容退入灌木丛中，急令："特务连死守，等到师部人员安全撤出，再转移至西湖一道木桥头扼守抵御，然后抢夺浮桥向揭阳方向集中。"师部人员刚退入城边，敌人以建筑物为掩护，居高临下，以密集的火力向我军射击。这时，师部司号长领着特务连号兵吹起冲锋号以迷惑敌人，使山上敌人停滞了一会儿，不敢立刻冲下山来。下午5时，周逸群趁此率领师部人员和特务连数十人，在与敌人进行激烈巷战之后冲出城来，沿韩江退却。走了十余里，遇到第六团第四连的部分战士，会合不久又被敌包围。于是，他又率部沿铁道向汕头方向撤离。

次日晨，周逸群派人到潮州打听消息，结果没听到枪声，他判断我军主力在汤坑一线已失利。而这时的汕头已被敌人占领，当地反动民团又猖獗起来。为分散保存力量，决定将空枪弃置河中，人员分散离开潮汕。

特务连掩护周逸群和师部人员突围后，第二天到达汕头地区的炮台附近，同周恩来率领的数十人会合，当周恩来听了汇报潮州失守的经过后问："你们的师长现在何处？"接着命令特务连向海陆丰方向集中，"沿途务必要找到周师长！"

起义军虽然在潮、汕失败了，但南昌起义却如一声惊雷，打响了反对国民党反动派的第一枪，在我党独立领导武装斗争的历史上写下了光辉一页。

周逸群在南昌起义中建立了不朽的革命功勋。当时，连敌人也不得不承认：在革命委员会中，"周逸群之地位颇为重要"。这从反面证明了他对中国革命和人民军队诞生所作出的杰出贡献。

→ 年关暴动

★★★★★

（31-32岁）

潮州突围后，周逸群躲过敌人的搜捕，来到汕头。他想方设法弄到一张船票，准备前往上海找党中央。

1927年10月5日，英国太古公司一艘由香港开往上海的轮船中途停靠汕头，周逸群决定乘此轮船到上海。可是，这艘船恰好是我军在潮汕失败后，从香港到汕头的第一艘船，反动军队特别戒严。为顺利通过码头的严密检查，他腋下夹一张烂席子，头上戴一顶破斗笠，混在人群中，就这样蒙蔽了敌人，安全地上了船。

他一上船就直钻货舱，找到一个容身的空隙地方，把席子一铺，不管三七二十一倒头就睡。

这时，正好被在会昌战役中负伤、由香港治伤转往上海的陈赓发现。陈赓见是自己的师长周逸群，不禁喜出望外。

在革命受到严重挫折的时刻，陈赓仍然保持着革命的乐观主义精神。当他发现周逸群后，心情十分激动，安排与周逸群见面，又做得十分巧妙：他用报纸遮住脸，假装一边看报，一边议论着说："这报上的消息真灵通，周逸群还没上船，报纸就登出来了。"

陈赓这一说，让刚刚躺下的周逸群吃了一惊。他竖起耳朵，机警地听着，不等话音落就听出来是陈赓的声音了。两人见了面，忍不住哈哈大笑。此时此地重逢，显得特别亲切。

到了上海，周逸群不顾疲劳，立即动手向党中央作书面报告说明南昌起义以及潮汕失败的情况。

不久，贺龙也从香港到了上海。两位亲密战友又一起去找党中央，领受新的任务。

在上海法租界的一所洋房里，主持中央军委工作的周恩来秘密接见了周逸群和贺龙。经过战斗洗礼又胜利重会，他们紧握双手，显示出共产党人无穷无尽的力量。

周恩来同周逸群、贺龙一起回顾了南昌起义，总结了经验教训，并谈到了毛泽东领导秋收起义、开辟井冈山革命根据地的创举。

此时，党中央计划在湘鄂边开展武装斗争，考虑到贺龙对湘鄂边的政治军事形势、地理条件、风土民情等都很熟悉，因此，中央决定派周逸群、贺龙参加湘西北特委工作，并致信湖北省委负责人郭亮，通告了中央的决定。临行前，周恩来向周逸群交代了与湖北省委联系的方法，并告诉他郭亮家住汉口谢弄北里17号。

1928年1月中旬的一天，周逸群、贺龙等人离开上海，乘坐轮船前往武汉。

他们到达汉口后，由于接头的两个关系被破坏，未能与湖北省委接上关系。他们来到谢弄北里17号，见到了郭亮。

由于情况变化，郭亮另有任务，不能一同前往湘西北，周逸群担任湘西北特委书记。

1月18日晚，周逸群与贺龙率领十多人，包了一条船，带上两支手枪，化装成商人，混过了敌人的搜查，向湘鄂边地区进发。途中，他们还搞到民团十多条枪。21日，他们到达监利县的反嘴，与李明铨、贺锦斋部会合，很快又与沔阳、监利、石首和华容等县的县委取得了联系，于是决定暂时在鄂西、湘北一带工作，待打开局面后再赴湘西北。

周逸群领导的湘西北特委，根据中央对湘、鄂两省有关起义的决议精神，与当地党组织商定，趁年关各地豪绅地主下乡催租逼债、阶级矛盾尖锐之际，在荆江两岸举行起义。

春节期间，周逸群了解到反嘴有四家土豪，深为当地群众所痛恨。一天晚上，他们以"拜年"为名，将这些土豪镇压，在这一带群众中立即引起了强烈的反响。

不久，鄂中特委派萧仁鹄率工农革命军第五军二百余人到达监利的朱河。接着，石首及其他地方的零星武装也先后前来会合。周逸群和贺龙把他们组成"中国共产党湖北沔阳工农革命军第五军"，贺锦斋为军长，全军由贺龙统一指挥，发动了荆江两岸的年关暴动。

工农革命军先从监利开始，采取奔袭的方法，仅一晚上就打掉何堡、尺八口等七八处团防据点，镇压了一批土豪、湖霸和团防头子，同时，还消灭了朱河一带的数股土匪。接着，又迅速转江南的砖桥，在长岗庙歼灭了一股团防武装，缴枪三十余支，还消灭了土匪百余人。工农武装迅速发展，江陵的陈香波、石首的屈阳春等游击队，都是在年关斗争中组织起来的。

工农革命军每到一地，就向群众宣传党的武装斗争和土地革命的方针，帮助当地组织农民协会或农民自卫军。这样，荆江两岸的武装暴动很快就形成了高潮。工农革命军先后攻占了监利的上车湾、朱河镇和华容的砖桥、长岗、石首的调弦口、塔市释和高基庙。这一胜利推动了鄂西地区革命斗争的发展，也沉重地打击了敌人。

这期间，周逸群、贺龙与石首县的李兆龙等

△ 年关暴动旧址

商定了石首农民起义的计划，并研究按原计划向湘西活动的问题。考虑当时敌人正在石首一带混战，由此向湘西活动极为困难，于是北渡荆江，进入监利县境。工农革命军沿途又消灭了几股土匪团防，部队得到了充实和扩大。

此后，工农革命军在几星期内消灭了沿河两岸的多股土匪，部队发展到五六百人。在这一地区，以公安、石首的群众武装发展最为迅速。然而，由于党内盲动主义的影响，周逸群对于建立农村革命根据地的重要性认识不足，更缺乏经验，因此，未能率部队转向群众基础好、有利于工农革命军发展的公安、石首一带，反而应监利县委要求，攻打县城。2月18日，起义军分数路向监利县城进攻。贺龙、周逸群亲赴前线指挥。由于我军对敌情侦察不准，敌军在我攻城前突然增加了两个团的兵力，加上监利地形易守难攻，我军又无攻坚训练和必要装备，因而久攻未克，不得不撤出战斗。

攻打监利失利后，周逸群在石首焦山河召开了湘西北特委扩大会议，就上山或下湖的行动方针问题开展讨论，最后决定：按党中央的意见，"依山建军，再向平原发展"，由周逸群、贺龙带贺锦斋、李良耀等十余人，前往湘鄂边活动。但是，会议没有强调部队集中行动的重要性，却迁就了一些负责人狭隘的地方观念，同意部队分散活动。虽然，周逸群同贺龙对鄂中游击队做了很多工作，但是，终因未解决问题而作罢。结果，原鄂中特委的武装返回监、沔，吴仙洲等回到石首、华容，部队失去了统一的指挥，致使荆江两岸年关暴动的胜利成果未能得到巩固和发展。

尽管如此，以周逸群为书记的湘西北特委领导的年关暴动，发动了群众，打击了敌人，为他不久返回荆江两岸，创建洪湖革命根据地奠定了基础。

桑植起义

★★★★★

（32 岁）

1928 年 2 月下旬，周逸群和贺龙离开石首，破封锁，闯难关，历尽艰难险阻，终于来到贺龙的家乡——湖南桑植县洪家关。

当贺龙和周逸群出现时，在洪家关的桥头迎候多时的人群中，闪出一位朴实大方的中年妇女，笑容满面地迎上前去。她，就是贺龙的大姐贺英。

贺英知道周逸群就是党派来的特委书记时,激动万分地说:"我心里多么想共产党啊!现在总算把共产党盼来了。我把这支队伍交给你们,就算我第一次献给党的一点礼物吧!"

周逸群紧紧地握着贺英的手,感激地说:"好极了,党现在正需要这样珍贵的礼物。贺大姐,我代表党组织向您致谢!"

在周逸群、贺龙到来前,贺家的亲戚朋友正在互相火拼。他们到来后,虽然大家拢在一起,但都还是荷枪实弹,互不信任。这时,周逸群向他们宣传共产党的主张,讲革命的道理,讲团结的重要,贺龙也表明了态度:"退下子弹,再不要打了,都跟我干革命!"经过周逸群和贺龙耐心的教育说服,他们停止了火拼,表示愿意一起干革命。

贺英拨出所部三四十人及三十余支长枪,归特委领导。在她的带动下,贺龙的其他亲族如贺满姑、贺文炎、贺戊姐的队伍,都成了特委的基本武装力量。接着,贺龙的旧部属王炳南、李云清也相继率部参加。到3月下旬,队伍就发展到三千多人,七百余支枪,特委正式宣布成立工农革命军,贺龙任司令,贺锦斋为师长,下辖两个团,另外还编了几个支队。

为了扩大革命武装,特委还决定在收编地方武装的同时,发动贫苦农民参加革命军。为此,周逸群亲自深入到群众中,开展宣传发动工作。

一天,周逸群发现贺戊姐家来了一位年轻小伙子,长得敦厚

△ 贺龙故居

　　笃实，经介绍才知道他的名字叫廖汉生。周逸群
拉他坐在自己身边，亲切地询问家乡的情况，并且
给他讲了很多革命道理。廖汉生回忆说："虽然那
时与周逸群初次见面，但是我已深深地敬佩这位党
派来的代表，他是自己革命的启蒙老师。"

　　在这段时间里，周逸群同贺龙一起，到樵子湾、
凉水口等村寨进行宣传发动。在樵子湾时，正值春
耕大忙，他们了解到这里今年的庄稼活难做，原因
是村里的大部分耕牛，去年冬都被土匪抢去了，剩

下的几头，耕不过来，眼看就要耽误农时。乡亲们正在为此事发愁。周逸群听了马上站起来，毫不犹豫地脱下自己的大衣，又把手表取下，交给乡亲们拿去变卖，买两头牛，应付春耕。乡亲们再三推辞不下，激动地说："这真是雪中送炭呀！"

他接着向大家宣传革命道理，号召贫苦农民跟着共产党闹革命，组织起来，建立农会，自己当家做主人。经过发动，这里很快成立了农会，开展了对土豪劣绅的斗争。依靠集体的力量，解决了群众缺耕牛、农具和种子的困难，保证了春耕生产的顺利进行，密切了党群关系。

在做了大量调查研究工作后，周逸群同贺龙商量，利用赶场时进行宣传，扩大影响。这天，时逢洪家关赶场，他俩亲自登上一张用方桌搭成的临时讲台演讲。尤其是周逸群深入浅出的讲话，博得了群众一阵阵热烈的掌声。据当年聆听过周逸群讲话的翁淑馨老人回忆说："讲演完毕，大家纷纷向他祝贺，您讲得真好！"他谦虚地回答："我讲这些都是从乡亲父老们那里了解来的情况嘛！"

他认为，这一带的贫苦农民勤劳朴实，具有强烈的反抗精神和革命要求，正如同家乡的农民渴望土地一样。要彻底解决土地问题，只有革命才能实现。

3月下旬，工农革命军组织起来后，在周逸群和贺龙率领下，一举攻下了桑植县城，成立了以李良耀为书记的中共桑植县委和苏维埃政府。这是桑植人民开天辟地以来第一次有了自己的政权。

队伍刚建立，武器很少，为了解决革命经费的困难，贺龙组织了一次"献金"活动。他以周逸群为榜样，向亲友说："周师长帮助乡亲们春耕买牛，把自己的大衣、手表都卖了。现在工农革命军要发展，需要军费购买枪支弹药，今天来一个动员，希望大家踊跃献金。"他还坚定地说："有了枪，有了军队，有了党的领导，革命就一定能够胜利！"在贺英的带动下，大家都把自己家里积蓄的金银、首饰等捐了出来。

在这天会上，贺龙当着大家把他家里的全部房田文契烧了，并指着周逸群向大家说："周师长已经写信回家，把房田全部送给穷人。我家的文契，我也烧了。俗话说：孽财归孽路，破衣归当铺。要革命就要彻底，不要留尾巴。"就这样，周逸群和贺龙亲自树起了湘鄂边武装起义的旗帜，点燃了革命的熊熊烈火。

工农革命军建立后迅速占领桑植县城，使敌人大为震惊。驻湘西一带的敌四十三军军长李燊一面向其上司报告，一面集结军队，妄图趁我军立足未稳之机，将革命武装扼杀在摇篮里。

这时，党的工作和政权建设刚刚开始，工农革命军也来不及整训，敌人在4月初突然袭击了桑植县城和洪家关。革命军经与优势敌军激战后失利，部队大部失散。周逸群与贺龙在战斗中被敌隔开，失去了联系。

然而，以周逸群为首的湘西北特委所树立的工农革命军的大旗并未倒下，经贺龙在桑（植）、鹤（峰）边境重整队伍，于同年7月将工农革命军改编为中国工农红军第四军，经过了艰苦卓绝的斗争，终于创建了湘鄂边革命根据地。

➔ 扎根鄂西

★★★★★

（32岁）

周逸群同贺龙失散后，时时想着怎样实现党中央关于发展湘鄂西地区革命力量的重托。他审时度势，认为在极短的时间内，与贺龙会合是难以实现的；另外，洪湖地区战略地位很重要，群众基础较好，也需要加强党的领导。

因此，他决定回洪湖，在那里积聚和发展革命力量，建立革命区域与湘鄂边地区相呼应，这样做，有利于完成党中央交给的重任。

于是，他辗转来到石首，很快同石首县委、监利县委、鄂西特委取得了联系。

此时，桂系军阀在蒋介石的支持下坐镇武汉，控制两湖，组成了以张知本为主席的湖北省政府，以武汉卫戍司令兼十九军军长胡宗铎为湖北省"清乡"督办，敌十八军军长陶钧为湖北省"清乡"会办，残酷捕杀共产党人、共青团员和革命分子，制造白色恐怖，湖北省委机关被破坏。

胡宗铎、陶钧在两湖各地部署重兵，并在各地收编土匪武装，扩充团防势力，一时间，"团防队"、"常练队"、"保安团"充斥大小集镇和乡村，联合向革命势力进攻。

形势险恶，周逸群与石首、监利县委一起，充分估计了革命处于暂时低潮，但也看到新旧军阀之间的矛盾和争斗仍然存在，革命力量还是可以乘隙发展。党组织和游击队必须选择有利于我，不利于敌的适当时机，有效地打击反动势力，用一个一个的胜利，鼓舞战士和群众的斗志。根据这个分析，周逸群提出集中各地武装，避实击虚，向洪湖方向游击，打开以洪湖为中心的斗争局面的主张，得到了大家的一致赞同。

于是，周逸群命令各县武装集中到洪湖，并选择沔阳县敌据点峰口镇为突破口，进行了战斗部署。周逸群亲率江陵、石首游击队向监利、沔阳转进，到监沔交界的洪湖后，又会合鄂中游击武装、华容游击队，共约二百人，数十条枪，1928年5月20日，一举攻克峰口镇。战斗结束，周逸群率领指战员在镇上刷标语，作宣传，召开群众大会，处决了一批土豪劣绅，将没收来的财物分配给贫苦群众。

峰口战役是工农武装数月来一次最大的军事行动，有力地打击了敌人的反动气焰。

不甘心失败的敌人派出重兵，向洪湖一带包围，妄图消灭我游击武装。周逸群当即决定游击队主动撤出峰口。但是，峰口的胜利是盼望已久的，一听说撤退，不少人想不通。于是，周逸群召开干部会议，讲明主动撤出的策略思想，他手拿一个茶杯和一个铜盆作比喻说："铜盆好比洪湖，峰口只不过是比铜盆小的一个茶杯"，他将铜盆往茶杯上一扣，说，"只要我们占住洪湖，峰口就一定是我们的。"生动形象的比喻，使大家豁然贯通，为保存革命力量，主动安全地撤出峰口。途中与敌人团防军三次激战，将队伍转移到了沔西的拖船埠。

但是，拖船埠也非久留之地，潜江、监利、江陵的团防军迅速形成了对沔西的合围之势。游击队虽集中了各地武装，但除一部分队员有枪支外，主要武器都是梭镖、鸟铳和大刀。革命力量是不能正面抗击敌人、同敌人硬拼消耗的。于是，周逸群从实际出发，提出："甩开敌人，保存实力，西出江陵，到敌人力量薄弱的荆门、当阳、远安地区游击。"

但是，监、沔游击队多数队员不愿离开家乡，以为这样做就是把家乡群众及妻儿老小抛在敌人铁蹄下，因而没有采纳周逸群的正确意见，坚持留守沔西一隅。形势十分紧迫，已没有充分时间去做思想工作，周逸群只好率公安、石首、华容游击武装转移到石首，将队伍编为一个大队和一个特务队，分别在华、石、监一带袭扰敌军。不久，在强敌围攻下，留守沔西的游击队几乎丧失殆尽。

5月初，由于叛徒的出卖，鄂西特委负责人张计储、魏亮生等不幸被捕，英勇牺牲。特委的被破坏和领导人的牺牲，给鄂西工作带来了巨大的损失。

5月下旬，周逸群闻讯后，立即赶至沙市，与特委幸存的委员曹壮父等人组织了临时特委。为保证特委机关的安全，并便于与党中央和省委的联系，特委机关迁往宜昌。到宜昌后，很快与各地党组织恢复了关系。当时鄂西党员共约有一千人，特委为便于与各地党组织、游击队联系，在宜昌市振声钟表厂内设一个联络站。

1928年农历五月初六，周逸群写信给周恩来，汇报了峰口战斗经过、鄂中特委的现状及他个人的建议；报告了鄂西特委组织破坏后，组织临时特委的情况，请求党中央和湖北省委指示。

7月中旬，湖北省委派万涛前往宜昌，正式组成了以周逸群为书记，万涛为副书记，曹壮父、邹资生、段德昌等为委员的鄂西特委。

　　在特委领导下，鄂西各地的工作逐步开展，并取得了明显的成绩。1928年9月19日，周逸群向党中央报告鄂西情况时说："除最近湖南新拨南县、华容、安乡子县外，鄂西有二十三县，共有党员两千人。县委组织健全者有江陵、石首、监利、荆门、远安、宜昌、宜都七县；在松滋、枝江、长阳等县已成立了特别支部，恩施、鹤峰等县也有党员六七十人；秭归、兴山、巴东初步有了党组织，只有公安、当阳、五峰，由于敌人严重摧残，尚未恢复，其中以监利县党组织最好。"

　　周逸群还指出：凡是有党组织的地方，都有民众组织。在宜昌以下各县都有农民委员会的组织。据不完全的统计，江陵、石首、监利、华容四县组织起来的农民近两万人。沔阳县建立了农委会筹备处，农委会三十二个，会员约两千人。游击队也有了扩大，除原有的一个大队、一个特务队外，各县还建立了游击队，监利的游击队就拥有三百人。

　　1928年9月，周逸群秘密来到上海，向党中央汇报鄂西工作情况，直接聆听中央指示。周逸群在中央身边，获益甚多，增添了智慧，加强了信心，眼更亮，心更明了。

　　周逸群从上海返回宜昌后，向特委介绍了全国各地斗争情况和经验，传达了中央对鄂西地区工作的指示。特委明确了下一步任务：继续恢复和发展县、区党及群众组织；发动群众进行日常的经济和政治的斗争；带领游击队、赤卫队和群众反对敌人的"清乡"，发展游击战争，为建立苏维埃区域创造条件。

1928 年秋末，敌人又加紧扩充和部署"清乡"的兵力，加强了"十家连坐"的保甲制，采用"梅花桩"式的办法反复进行。

这时，党群组织又一次蒙受了重大损失。鄂西特委副书记万涛被捕，监利县委书记失踪，江陵县委书记和宜昌县委负责人也先后被捕。鄂中特委

△ 中国工农红军独立第一师大印。师长段德昌，鄂西特委书记周逸群。

和沔阳县委机关被破坏，个别不坚定分子弃职潜逃。鄂中特委所属各县领导急切盼望得到上级的指点。在此紧要关头，周逸群多次亲自向省委报告，请求恢复鄂中特委。然而，湖北省委机关也遭到破坏，得不到相应指示，周逸群考虑革命需要，主动担负了领导鄂中地区的工作。当时，虽然没有得到上级的具体指示，工作困难重重，但他排除万难，将鄂中、鄂西地区的工作统一于鄂西特委领导之下。

反"清乡"斗争的岁月，异常艰苦。周逸群重任在肩，他常化装成农民、渔夫或樵夫，顶风冒雨，奔波于各地进行具体指导。风餐露宿，昼伏夜行，几乎成了他和特委、县委负责同志生活的常态。

1928 年 10 月 29 日，国民党湖南省政府民政厅向全省发出《通缉共党周逸群等一案由》的训令，在全省范围内制造白色恐怖，也使周逸群开辟洪湖苏区的形势更加严峻。周逸群全不放在心上，他到赤卫队和群众中，激励大家提高信心，鼓起勇气，同敌人坚决斗争。

武器不足是游击队的一大困难。周逸群同邹资生、彭国材、段玉林等率领的游击队和赤卫队一起，辗转于湖边篙草丛中，隐蔽在墩台之间，制造"撅把枪"、土炮等武装自己，利用港汊芦林的有利条件，打击零散之敌，歼灭了一批团防及其头目。

在敌强我弱的情况下，周逸群又告诫游击队指战员们：我们现在主要是要骚扰敌人，搅得他们坐立不安，尔后乘机歼灭。但是，一定要听指挥，智取巧取，决不能硬拼硬打。在周逸群指挥下，彭国材率领游击队和赤卫队，消灭了敌人在潜沔交界的水上哨卡。

随着蒋桂两系新军阀间矛盾的日益加剧，敌人的"清乡"略有缓和，豪绅地主阶级反革命活动稍有收敛，周逸群又抓紧战斗间隙，领导各地恢复和发展党的组织。1928年冬，江陵县委下有支部十八个，石首县委辖支部十九个，各有党员一百七十余人，沔阳县委下有支部二十八个，党员四百人以上，有的地区，在县委领导下，成立了年关指导委员会，准备组织反抗土劣的斗争，继续派党员打入敌团防中，做争取瓦解敌军的工作。

武装的革命反对武装的反革命，是中国革命的特点，这是周逸群多年斗争中深切感受到的。因此，他抓紧不断充实和扩大游击队，建立和发展赤卫队。邹资生、段德昌、彭国材率领的游击队、特务队，段玉林、屈阳春、朱祖光等率领的游击队、短枪队，在周逸群统一部署和赤卫队的配合下，采取"敌来我飞，敌去我张"的灵活机动的游击战术，活跃在洪湖、大同湖、沙湖、白露湖、东山一带，开展武装斗争，肃清反动势力，发动群众建立农民协会和苏维埃政权。到1928年底，先后在洪湖湖畔的霍家湾、监利的柳关、剅口、福田市、江陵县白露湖旁的沙岗、石首与华容交界的东山等地建立了小块秘密根据地，成为鄂西党组织和武装力量进一步发展的重要基础和依托。

此时，特委委员曹壮父调省委，万涛获释归来，周逸群为迎接新的战斗，一方面向党中央提出了调整特委机构的建议，一方面研究和部署下一步的战斗任务。

⟶ 纵横洪湖

★★★★☆

（32—34 岁）

1928 年 6 月至 7 月，党的第六次全国代表大会在苏联莫斯科召开。这次大会总结了大革命失败前后的经验教训，批判了右倾投降主义和"左"倾盲动主义的错误，对于中国革命的性质、形势作了正确的估计，制定了基本上正确的政治路线和策略，对中国革命的发展起了积极作用。

　　周逸群渴望得到党中央和上级的决议、指示，作为指导工作的准绳。他在获悉"六大"召开的消息后，立即以特委名义向党中央写信，请求迅速传达。由于敌人的阻隔，直到 1929 年初春，鄂西特委才得到"六大"的会议文件。

　　1929 年 3 月 6 日，周逸群在江陵县的沙岗主持召开了鄂西特委第一次扩大会议，出席这次会

△ 莫斯科近郊中共"六大"会议会址

议的有宜昌、江陵、公安、石首、监利等县的代表，其中工农成分与知识分子各占一半。会议传达了"六大"决议，并以"六大"精神为指导，总结经验，研究鄂西如何发展游击战争、建立苏维埃政权、深入开展土地革命的问题。

特委第一次扩大会后，周逸群除亲往监利，具体指导县委组织学习、贯彻"六大"决议外，还向江陵、石首、沔阳、华容等地的党群组织、游击队提出了要以生动活泼、群众喜闻乐见的多样形式，做好"六大"精神的宣传工作。各地党组织油印了以"六大"十大政纲为内容的传单，散发到各村镇，标语口号贴在人们经常往来醒目的地方。在群众聚会的场合，就以快板、顺口溜、渔鼓等形式，使"六大"精神传到千家万户。

1929 年 3 月，蒋桂战争正式爆发。周逸群抓住军阀混战的有利时机，利用河湖交织的自然条件，发展游击战争。因此，鄂西特委集体研究提出当时游击战争的任务：一是消灭豪绅地主武装；二是帮助农民进攻豪绅地主，反对苛捐杂税，并决定将江陵、石首、监利三县游击队合编鄂西游击大队，下辖一、二两个中队。原在江、石的游击队编为第一中队，段玉林、彭之玉负责，以江陵的沙岗为活动中心；原在监、沔的特务队编为第二中队，段德昌、王尚武和彭国材负责，在洪湖的刘家场、柳集、剅口等地活动。

作为鄂西游击队最高领导者的周逸群，经常头裹青布头巾、身穿农民服装，与队员生活在一起，战斗在一起。他们以纵横交错的河湖港汊、茂密苇林、丛生的野草作为进可攻退可守的天然屏障，把湖区的莲藕菱角作为战斗的食粮，星罗棋布的湖中墩台作为灭敌的战场。

鄂西游击大队在特委"集中指挥，分散游击"的原则指导下，于蒋桂军阀开战之初的3月，短短的十七天内，就在江、监、石三县战斗了二十一次，每战皆捷，并发动了群众，建立了部分红色政权，打击了土豪劣绅，宣传了土地革命政纲，扩大了党和游击队的影响。

△ 段德昌

接着，第一中队在冯家潭、河口群众支持下，渡长江，打垮了石首团防袁福阶控制的"神兵"，连夜攻占了石首县城，从狱中救出了被关押的党员和群众七十余人。

周逸群与段德昌率领游击大队第二中队，在赤卫队和地方的水上游击队配合下，利用监沔交界地区的洪湖有利地形，苇林茂密的条件，迂回袭击这里的团防、常练队，迫使敌人龟缩在几个较大的据点内，减少了前进的障碍。然后兵分两路，扬帆渡湖，直奔白螺矶，走桐梓湖，经上方家墩、下方家墩，一夜接连攻打了姜家堤、夏家桥、拓木桥、聂家河、何家桥五处"常练队"，又趁机袭击了工事坚固的"铲共团"头子李生灿的老巢——天育墩，击毙了作恶多端的李生灿等，缴获了大量的枪支弹药，拔除了鄂西游击大队一大钉子。这次战役结束后，有的被俘敌兵经过教育，自愿留下来参加了游击队。第二中队随之扩充为第二、第四中队。这一战役的胜利，震动了全县及附近地区，鼓舞了群众的斗志，壮大了声威。

5月，周逸群、段德昌率第四中队趁敌不备，连克了沔阳的峰口和仙桃镇。与此同时，各地游击战争也十分活跃。石首、监利、华容的游击队、赤卫队，分别在季家咀、小河口、横沟市、下车湾、东山地区取得了消灭团防军、镇压土豪劣绅的胜利。

鄂西游击大队及地方游击队的胜利，大大提高了群众的斗争情绪，他们高兴地唱道："周逸群、段德昌，带着人马搞武装，一去个个空着手，回来人人有支枪。"游击队所到之处，都根据特委指示，组织和宣传发动群众，建立党和群众组织。游击大队的队员还发挥聪明才智，结合当地实际，用农民最熟悉和喜爱的"十二月"、"闹五更"、"孟姜女"的曲调编写了革命歌谣，受到了广大农民的热烈欢迎，他们争相学唱，革命歌声在湖水和墩台的上空回荡。

在短短数月里，游击队在党的领导下，经过严酷的浴血奋战，虽有伤亡，但战果累累。党和群众组织在不少地区得到较快的恢复与发展，党员近两千人，有的地区农民协会的组织已经公开。经过革命斗争的发动，妇女参加农民协会的逐渐增多，仅江陵、石首、监利就达千余人，开始崭露了妇女在革命中的重要作用。

以江、监、石、沔为中心的鄂西游击战争正在生机勃勃地发展时，蒋桂战争结束了，敌人又联合向革命力量发起攻势。6月，湖北省委和鄂西特委又遭破坏，党中央指示暂时不恢复特委，周逸群、万涛以中央巡视员的身份指导鄂西革命斗争，鄂西游击大队分散活动于各地。

端阳节时，江陵、监利的团防，趁我游击大队分散于洪湖一带活动之机，倾巢向红色政权中心——江陵县沙岗青阳宫大举进攻。周逸群立即命令各游击中队迅速集中沙岗,予以坚决的反击。由于交通阻滞,各中队未能如期到达,致使战斗艰苦异常。然而,各中队陆续到达后,在赤卫队和群众支持下,奋力拼搏,终于粉碎了敌人的围攻,取得了战斗的胜利。由于部队干部损失较大,急需补充和加强军政训练,周逸群决定对游击队进行整顿,并在洪湖成立游击大队教导队,训练军事干部,将鄂西游击大队改编为两个大队,在洪湖活动的为第一大队,下辖一、二、三中队。在江陵、石首活动的改为第二大队,下辖四、五中队。7月初,第二大队在石首遇敌人谭道源部"清乡",游击队将其围歼于沙口,缴枪七十余支,战士们说:"谭道源,真不赖,专门派兵送枪来。"

这时,各地党、政、军普遍遇到一个大问题,就是干部奇缺,除了各县委及巡视员在斗争中作个别培养外,周逸群、万涛等研究,决定办短训班。7月末,训练班在监利剅口开班,江、石、监、沔、汉(川)五县八十人参加培训。周逸群曾三次前往具体指导。他听取关于训练计划的汇报后,发现存在偏重军事训练,忽略政治教育的倾向。他及时指出:单纯的军事思想和军事训练不行。我们缺少政治工作人员,需要培养一批政治素质好,能指挥作战的各级政工干部和军事人员。因此,在他指导下,对训练计划作了适当调整,增加了有关党史、农民运动、青年运动及国际共产主义运动的内容。周逸群还为训练班编写政治教材,亲临讲授。他以通俗易懂的语言,生动地、深入浅出地讲解革命的基本理论,提高学员政治觉悟和马列主义理论水平;他还偕同学员至当时模范乡官湾村作社会调查，了解群众的疾苦，他谆谆告诫学员"种田靠群众，打仗靠群众，什么事都要靠群众"的深刻哲理。

周逸群一贯关心和爱护群众，走到哪里都要向农民、渔民们问寒问暖，了解老弱妇孺的生活状况。因此，深得群众的拥戴。一次，他来到训练班后，患了疟疾，房东张再望大爷望着疾病缠身、冷战不止的周逸群，十分难受，取出自己仅有的一件棉衣，执意要周逸群穿上。后来这件棉衣因在战斗中丢失，周逸群一直挂在心上。1930年夏，他在监利朱河镇特地做了一件新棉衣，写上表示谢意的信，请警卫员专程送交张大爷。周逸群牺牲后，张大爷常常对着这件舍不得穿的棉衣，怀念"周同志"，并将这件衣服一直珍藏到解放后。

干训班学习结业后的学员，充实了游击队和基层领导骨干。8月，鄂西游击大队在监利三屋墩进行了整编。将鄂西游击大队正式编为红军鄂西游击总队，周逸群任总队长，段德昌任参谋长，总队有一千余人，枪五六百支。

9月，党中央决定周逸群担任湖北省委委员兼鄂西特委书记，万涛任副书记。

鄂西特委重建后，一方面继续加强鄂西党、群组织的建设；另一方面，领导鄂西游击总队，采取波浪式的推进方法，转战在洪湖、白露湖、长汀与汉水之间。

1929 年夏末至冬初，党和群众组织有了很大发展，鄂西特委领导下已有 18 个县成立了县委和特别支部，党员有两千六百多人；农会、雇农工会也有了相当的发展，仅江陵就有千余会员，石首七百多，藕池千余，监利群众加入农协的达三千人。群众情绪高涨，主动配合游击队、特务队，消灭团防。石首特务大队在解决团防武装时，农民有数千人参加。

江陵、石首、监利、沔阳等县交界的洪湖、白露湖沿岸的乡村革命根据地渐渐由点连成了片，初步形成了割据的形势。不久，江陵县之郝穴、龙西、龙南三个区，石首县东区、北区，监利几乎全县，沔阳之西南区，华容东山区都先后形成了农村工农武装割据。

在洪湖苏区内先后建立起区、乡苏维埃政权。农民协会、赤卫队、妇女会等组织日益壮大。人民群众烧毁了地主豪绅的契约，废除了一切地租、高利贷、苛捐杂税。实行了保护中小商人、活跃农村经济的政策。苏区的群众喜笑颜开，唱着"一片湖水映蓝天，革命起在洪湖边"，"洪湖出了游击队，湖霸土豪心胆碎"。

洪湖苏区的建立，革命力量的发展，使敌人坐卧不安。1929年冬，敌正规军纠集地方团防，以十余倍于鄂西游击总队的兵力，向苏区大规模"清剿"。鄂西特委为粉碎敌人的"清剿"，决定鄂西游击总队在周逸群、段德昌指挥下，运用"只打虚不打实，要打必胜，不胜不打"的战术，以保存自己，消灭敌人。同时，改变了过去对待俘虏的办法,采取了正确的"投降受赏,来去自愿"的政策。

周逸群亲率第二大队前往江南,在赤卫队的积极配合下,在石首、华容一带歼灭了华容文、宣二区的团防局,建立了红色政权,归石首县委领导。11月下旬,二大队又同石首县游击队、赤卫队协同作战,全歼了侵犯小河口之敌五百余人,缴获轮船一艘、枪支百余。继又渡江,击败了在江陵熊家河、马家寨等地的敌军。在此同时,段德昌率领第一、三中队在洪湖重创敌军。在这场斗争中,洪湖军民齐奋战,粉碎了敌人的"清剿",保卫了洪湖苏区。

在周逸群、段德昌、万涛领导下,经过长期游击战争,在河湖密布、港汊纵横的洪湖创建的苏区,在土地革命战争时期是首创。毛泽东在抗日战争中充分地肯定了这一创举,指出:"红军时代的洪湖游击战争支持了数年之久,都是河湖港汊地带能够发展游击战争并建立根据地的证据。"

1929年冬,各派军阀又酝酿联合反蒋,蒋介石也纠集亲信加紧密谋对策,暂时分散了对红军进攻的力量。鄂西所驻拥蒋的范石生、彭启彪部与反蒋川军、杂牌军在宜昌、当阳、远安一带互相攻战，维持这些地区反动统治秩序的主要是地主豪绅所豢养的团防武装。

这时，周逸群、段德昌指挥的鄂西游击总队和贺龙率领的红四军，依靠地方党和群众，创建了洪湖苏区和湘鄂边革命根据地，先后建立了群众自己直接管理的苏维埃政权，开始实行没收地主阶级的土地革命。宜昌、沙市、当阳、松滋、枝江、巴兴归等地的群众斗争，不同程度地打击了反动势力。鄂西党、红军和群众，完全有力量、有信心，排除万难，开创革命新局面。

为了抓住军阀间的争夺、混战的有利时机，总结经验教训，解决党内存在的模糊认识，进一步纠正地方观念的错误倾向，统一思想，明确斗争任务，制定正确政策。因此，特委决定召开鄂西党的第二次代表大会。

1929年12月下旬，在鞭炮声中，举行了鄂西党的"二大"开幕式。那时虽是数九寒冬，会场却气氛热烈。周逸群穿着和群众一样的衣服，戴着农民常戴的风雪帽，主持会议，选举大会主席团。代表们在会议中对重大问题及特委起草的决议，逐个进行研究和讨论。大会共开了九天，通过了《关于鄂西党目前政治任务与工作方针决议案》《军事问题决议案》《土地问题决议案》等十二个文件。

会议根据湖北省委提出的意见，选举产生了新的特委，周逸群继续担任特委书记。

鄂西党的"二大"召开后，周逸群领导的鄂西特委认为鄂西游击总队和地方游击武装不仅队伍壮大了，而且从政治军事素质和斗争艺术上都有了提高，将鄂西游击总队改编为正式红军已是瓜熟蒂落的事了。

就在这时，党中央派来参加湘鄂西地区工作的杨英，向周逸群传达了中央指示："鄂西可成立一师，师的名号由你们自定。"因此，特委根据中央指示将鄂西游击总队编为红军中央独立第一师，以原在监沔活动的游击大队编为第一纵队；在石首等地活动的游击队编为第二纵队。

1929年12月底，红军独立第一师在沔阳县峰口镇正式成立，师长段德昌，政委周逸群。

1930年初，党中央又指示红军独立第一师改编为工农红军第六军。同年2月3日，第一、二纵队会师于监利汪家桥，随即召开了成立红六军大会。周逸群宣布六军军长由孙德清担任（不久，孙德清患病，由旷继勋继任），副军长段德昌，政委由周逸群本人兼任，军以下设两个纵队，两纵队的司令分别由段德昌、段玉林担任。

红六军成立后，遵照鄂西党的二大《军事问题决议案》中规定"红军中的党要特别健全，每一问题党都要起领导作用"的决定，改组和健全了原独立师的前委为红六军前委，并在各纵队成立纵委，纵委下设支部与党小组。前委要求各党小组办训练班以教育党员骨干；坚持党员参加组织生活、缴纳党费、履行党员的权利与义务、增强党员的党性，在战斗中起先锋模范作用，保证党对红军的坚强领导。

红六军的成立，实现了鄂西地区的革命武装由小到大、由分散到集中、由游击队到正规红军、由游击战到游击性运动战的发展。

红六军在转战新观咀、夺取龙湾寺、新老口、涣洋镇、攻克潜江县城等战斗过程中，按照红六军前委的要求，召开了"二七"罢工七周年纪念会，做宣传发动工作；每到一地战士们就打起红旗向群众讲解土地革命政纲；在有当铺的地方执行"20元以下无本取当，20元以上无利取当"的政策；对被俘敌军实行优待政策，促使敌军动摇和瓦解。他们雄姿焕发，英勇骁战，使敌人恐慌，如沙市反动政府慑于红军声威，急电南京与武汉的政府，请求派兵"进剿"，而广大的贫苦群众"莫不称道红军好"。鄂西特委当时也向党中央报告，"红六军成为人民的军队了"。

红六军在革命战争中连连取胜，江、监、石、郝穴、藕池、调弦口相继解放，军威大振，根据地扩大，洪湖苏区分别建立了江、监、石、沔、潜五县的苏维埃政府，农民赤卫队发展到二十万人，游击区扩大到十七个县的广大农村。1930年4月，鄂西特委组织召开第一次工农兵贫民代表大会，周逸群任大会主席团主席。这次大会正式成立了鄂西联县政府，周逸群被选为主席。

鄂西联县政府成立之后，鄂西特委与联县政府原决定成立赤卫队总队，并曾认为总队长由周逸群担任最为恰当，但是，考虑到周逸群任职太多，不能再增加他的负担，因此，决定由联县政府和特委军事委员会指挥。实际上，周逸群仍然领导着赤卫队的建设和发展工作，作出了各县成立赤卫大队，属苏维埃政府军事委员会指挥，赤卫大队下设中队，中队下设分队的决定。鄂西特委还认为要保留和扩大赤卫队的武装，因为它可以发挥武装保护政权的作用，尤其是当红军到外地游击时，显得更为重要；同时，赤卫队发展较快，便于扩大红军。实践证明，赤卫队的确发挥了这些作用，成为一支不可忽视的地方武装，在革命战争中建立了不可磨灭的功绩。

周逸群任鄂西联县政府主席后，着手领导各县公开工农兵代表大会，正式成立县苏维埃政府。各县苏维埃政府按联县政府的要求，组建了区乡苏维埃政权。接着，完善和扩大了赤卫队，发展了少先队、儿童团、妇女会、工会。联县政府拟有红五月宣传大纲和计划，开展了红五月宣传活动，号召红色区域广大群众，拥护联县政府；开展反军阀、反封建地主阶级的斗争；开展土地革命，为保卫和扩大苏区而努力奋斗。

周逸群在领导湘鄂西地区革命斗争实践中，非常注重运用革命理论去总结经验，找出规律，上升到理论，再指导斗争。1929 年 8 月，他以中央巡视员名义，写了《鄂西农村工作》的报告；1930 年 5 月，以他为首的鄂西特委，又向党中央写了《鄂西游击战争的经过反其现状》的报告。这两个报告，系统地总结了创建鄂西苏维埃区域的宝贵经验。

→ 红军主力

★★★★★

（34 岁）

1930 年 7 月，红四军与红六军在湖北公安会师，并遵照中央指示组成中国工农红军第二军团，贺龙任总指挥，周逸群任总政委兼军团前委书记，柳克明任政治部主任。红四军改称红二军。

在红二军团成立大会上，周逸群、贺龙都讲了话。周逸群宣布了军团的机构编制和领导成员，他在讲话中指着贺龙向大家说："贺龙同志是我们南昌起义的总指挥，现在又是我们红二军团的总指挥了。"

周逸群、贺龙组建红二军团后，遇到了新问题，来自四面八方的红军指战员聚在一起，反映到队伍中的各种非无产阶级思想，影响了红军的团结和战斗力。

当时二军住府场，六军住峰口。有一天，周逸群与贺龙去六军，想解决会师后的一系列问题，在去峰口的路上，贺龙发现六军筑有工事，向二军派出警戒，怀疑其中有人挑拨，便叫周逸群一

△ 红二军团总指挥部旧址

起下马查看。

贺龙回忆说："到峰口后，段德昌同志待周逸群同志一下马，就把他拉进去，把原委告诉他，说是二军要提六军的枪。这时周逸群就拉德昌出来和我一起谈。周逸群是不发脾气的人，而这次却大发脾气，问有人证、物证没有，当然找不出什么根据来，周逸群同志就火了，当时就在德昌的司令部里开了会。"

会后，约定次日两军召开联席会议解决。可是，第二天，二军负责同志和地方干部都到了，六军只派了许光达做代表。后来了解这件事与当时的军长有关。7月下旬，中央与长江局调六军军长到武汉工作，鄂西特委与军团前委决定，六军军长暂由周逸群担任。

周逸群和前委研究了红二军团的现状后，决定一方面抓部队的政治思想教育，组织学习，特别是抓部队中党内教育，发挥党组织的核心作用；一方面部署军事行动计划。周逸群经常挤时间深入战士中，问寒问暖，并同他们促膝谈心，回答战士提出的问题，启发他们的觉悟。当时的红军排长张德回忆道：一天，我送伤病员去石首冯家潭医院，恰巧遇到了周逸群到医院探望伤病员和了解医院工作情况，周逸群亲切地叫我"张娃子"，拍着我的肩膀问我所在的连排，战士生活怎样，身体怎样，现在想些什么，我一一回答，他又语重心长地说："你是共产党员，又当了排长，一定要起模范带头作用，多为人民群众办好事呀！"

周逸群从实践中已觉察到自己按党中央制订的"左"倾进攻

计划和湖北省委争取湖北省首先胜利的指示主持拟定的鄂西三个月计划大纲，有不切实际之处。因此，二军团前委和鄂西特委书记、中央军委特派员共同研究红军行动方向时，发生了意见分歧。特委书记周小康和中央军委特派员柳克明坚持按先攻取荆州、沙市，完成地方暴动，然后集中红军进逼武汉的计划，主张二军团应立即向荆、沙等重要市镇进攻。周逸群、贺龙等则认为应先取监利，拔除洪湖苏区内的钉子，巩固苏区再逐步向外发展。经过反复讨论，最后决定按前委意见行动。随即，红二军团渡江北上，进驻郝穴，以声东击西的办法，进攻监利。

7月中旬，红二军团进攻监利时，由于这里的常练队是桂系陶广残部，战斗力比一般团防强，加上二军团组建不久，彼此配合不够理想，以致失利。

攻监利受挫后，红二军团召开了历时一周的军事会议，确定下一步的行动方针。当时确定以六军肃清长江南北的江陵、石首、监利、沔阳的白点；二军向汉水北岸的荆门、钟祥、京山、天门等县活动，拔掉这里的白点，开辟襄北苏区，形成战略后方。然后以一年的时间，形成洪湖、襄北、归兴巴、湘鄂边等根据地，以控制汉水和长江中游，威胁宜昌、沙市、武汉。

会后,红军攻下潜江、岳口,经江陵转回洪湖休整。此时,鄂西特委却指责周逸群领导的二军团"前委本身右倾","中央的路线是集中进攻,前委只集中而不进攻"。在鄂西特委和长江局办事处代表柳克明的多次督令下,周逸群和贺龙等不得不执行攻击荆、沙的决定。

二军团进攻沙洋时,得到各级苏维埃政府、广大群众及地方游击队、赤卫队的配合与支持,迅速占领了郝穴、沙洋,并在距沙市东北九十里的十四桥,击败敌新编第三师的一个营,进逼沙市城外的栖霞寺。沙市地主豪绅纷纷逃匿,全城动摇。从沙市以南至湖南的岳州,千余里长的长江两岸,除少数地点没有解放以外,遍地红旗林立。周逸群部署长江沿岸苏区设炮台,日夜警戒着来自江面的敌军和帝国主义军舰对红军的威胁。守备沿江苏区的赤卫队、警卫队,对来往的帝国主义的船只和可疑人员,进行严密的监视和检查,发现企图破坏红军军事设施或不轨行为者,都予以严惩。

红军的壮举,严重威胁着沙市及长江两岸的敌人据点,沙市及附近地区的土豪劣绅纷纷向武汉行营请求派兵驰援。敌人遂集结大批兵力于沙市,并遍设电网,构筑强固工事。英、日帝国主义的军舰"列迪巴笃"号和"热海"号与沙市等地敌军相勾结,进行顽抗。

9月上旬,红军进攻沙市,由于敌人兵力多,设防坚固,红军

△ 红二方面军的部分指战员合影

又没有经过较大规模的正规训练，装备差，经五天一夜的顽强奋战，未能得手，损失千余人。鄂西特委负责人并没有因此改变他们的错误主张。周逸群、贺龙则从巨大的代价中总结了经验教训，更坚定地认为一定要巩固地向外发展，绝不能采取冒险的行动。

红二军团指战员转战在长江沿岸、汉水流域期间，军纪严明，作战勇敢，极大地鼓舞着当地的劳动群众。同时，他们每到一地就帮助当地党组织发动群众，建立群众团体和赤卫队，成立苏维埃政府。正是有这支钢铁般的人民武装,才出现了"太阳当头照,赤旗映彩霞"的革命根据地。建设这样一支好的红军是与周逸群、贺龙、段德昌等的辛勤培育分不开的。

1930 年 9 月,党中央派邓中夏来洪湖,指示红二军团集中洪湖,并于 9 月 20 日在周老咀主持召开了红二军团前委扩大会议。会上,他传达了党中央关于二军团配合一、三军团攻打长沙的命令。在研究如何执行中央命令时,周逸群根据客观情势,提出应先取监利城,巩固现有苏区,再向外发展的意见。但是,他的正确意见未被接受,会上一致同意南征前先攻下监利县城。

红二军团前委经过周密部署,22 日拂晓发起对监利县城的进攻。红军主力分三路向县城进攻,数万游击队、赤卫队和革命群众手持梭镖、鱼叉、鸟枪、火铳配合前进。

那天,正下着雨,周逸群身着黄色雨衣,胸前挂着望远镜,同贺龙等在前沿指挥战斗。在他们的指挥下,红军迅速歼灭了堤头、毛家口、太马河之敌,进逼县城。敌军龟缩城内,凭借着坚固的城墙,负隅顽抗。但是,我军民一举击溃了北郊曾家夹、堤夹一线的守敌,冲入城内。此时,敌军两个连在共产党员杨嘉瑞率领下火线起义,使敌人腹背受敌,全线崩溃。退守在城南江堤和大庙顽抗之残敌也不得不全部缴械投降。接着,红军又乘胜在下车湾打败了援敌,使敌人退缩到巴陵一带。在不到两天时间里,红二军团共歼敌两千多人,缴枪千余支、炮五门和大量辎重。

监利一仗的胜利,群众欢欣鼓舞,用自己的鸡子、鸭蛋、新

捞的鱼虾等慰劳红军。军民欢聚，亲如一家。群
众兴奋地唱道：

> 贺龙周逸群，
>
> 二军和六军，
>
> 打开公安扎屯营，
>
> 消灭白匪军。
>
> 潜江打开了，
>
> 鸡子还没叫，
>
> 白匪打起赤膊跑，
>
> 太太都不要。
>
> 转来打天门，
>
> 人人都欢迎，
>
> 消灭白匪几百人，
>
> 得胜转回程。
>
> 日夜不休息，
>
> 回头攻监利，
>
> 红旗飘在半空里，
>
> 群众都欢喜。
>
> 屡屡打胜仗，
>
> 仗仗无阻挡，
>
> 贺龙和周逸群，
>
> 领导真有方。

→ 高擎战旗

（34—35 岁）

1930 年夏，湘鄂西苏区和全国其他革命根据地一样，革命烽火越烧越旺，这时，洪湖苏区已扩大到上抵沙市近郊，下抵沔阳之仙桃、汉川，北至天门，南至南县，拥有监利、沔阳、潜江、石首、华容、南县、公安等七座县城及沿江大片乡村。

在这纵横千里的苏区里，翻身群众已成了社会的主人，他们在碧波荡漾、鱼虾雀跃、菱藕满湖的洪湖中，欢唱着"洪湖水，甜如蜜"的歌曲，撒网捕鱼，挖藕采菱，精神抖擞地为建设苏区忙碌着。湘鄂边苏区和归兴巴苏区也乘着胜利的东风，日渐巩固扩大。

湘鄂西苏区的不断扩大让蒋介石如坐针

毡。1930 年 10 月，中原大战一结束，蒋介石就任命何应钦为湘鄂赣三省"剿匪"总指挥，由何应钦督令国民党湖北省政府主席何成睿召开有关人员会议，策划"围剿"苏区事宜。会议决定由湖北省特别税局加拨 500 万元做"围剿"费用，并命令各军于 11 月初发动对红军的总攻。

不久，蒋介石又任命第十军军长徐源泉为"湘鄂川边区清乡督办"。在徐源泉的策动下，连续向

△ 湘鄂西苏区首府瞿家湾

以洪湖为中心的湘鄂西革命根据地发动了大规模的"围剿"。徐源泉妄图分三期消灭湘鄂西革命根据地。第一期以长江以北的潜江、沔阳、监利等地为重点；第二期以长江以南的石首、公安、南县、华容等地为重点，准备在彻底摧毁洪湖苏区后，再以全力向湘鄂边、归兴巴苏区进攻。第一期敌拟出动五个师、七个旅的兵力，纠合各地团防共三万人向洪湖凶猛进攻。

周逸群同特委和湘鄂西联县政府的领导共同研究决定：为粉碎敌人的"围剿"，除继续健全各级苏维埃政府，抓紧完成土地革命任务，坚持行之有效的经济政策，从政治上、经济上作好反"围剿"的准备外，必须集中力量作好军事上的准备。

红二军团南征时，地方武装几乎都被编入红军离开了苏区。苏区仅有枪八十余支、三百人左右。周逸群提出，我们一定要保卫苏维埃这面光辉的旗帜！而保卫红色政权的唯一办法就是依靠群众力量，把所有群众一律武装起来。因此，特委和联县政府决定将苏区各县的青壮年织成赤色警卫队，脱离生产，直属湘鄂西苏维埃政府军事委员会领导，担负"肃清赤区附近反动武装和巩固苏区"的任务；将壮年男子组成赤色教导军，不脱产，由各县苏维埃政府军事委员兼任各军管区赤色教导军负责人；由部分男子和健壮妇女组成赤色守备队，受区苏维埃军事委员指挥，担任放哨、守卡、严防反革命破坏活动和维持治安任务，还组织了少先队，担负站岗放哨、看护伤病员、送水送饭等后勤工作的任务，基本上形成了全民武装，一切行动军事化。

为了便于统一指挥，赤色警卫队和赤色教导军组成江左（即江北）军和江右（即江南）军，分别设指挥部。湘鄂西联县政府任命董朗和段玉林分任指挥，彭之玉和万涛分任指挥部政委。为保证反"围剿"中武器的供给，又任命陈克昌为兵工厂政委，以加强兵工厂的领导。在此同时，湘鄂西特委还委任李良跃、王雨三等分别担任沔阳、潜江等县的巡视员，加强对地方的及时指导。

周逸群以特委和联县政府的名义，两次致信二军团前委促其迅速回师洪湖参加反"围剿"战争。为了便于与二军团联系，还决定将特委和联县政府机关迁到石首县调弦口。

在周逸群领导下，湘鄂西革命根据地的军民同仇敌忾，誓死捍卫苏维埃旗帜。

1930年10月至12月间，敌人采取集中主力，并与帝国主义勾结，水、陆、空三方面相配合，对洪湖苏区展开"围剿"。

周逸群沉着部署反"围剿"斗争。他一面再次去信敦促红二军团迅速回师，粉碎敌人的"围剿"，以求巩固地向外发展；一面作出"坚决反对逃跑主

△ 红二军团总指挥部旧址

义，领导群众死力保卫苏维埃政权"的决定。

在敌人迅猛扑向苏区，进占我监利、沔阳、潜江时，周逸群等军委会负责人，依靠江左军和江右军，鼓动群众斗争的勇气，增强他们的抗敌信心；组织挺进队，利用湖泊水网、苇林堤岸的有利地形地物，以刀刃战术、夜袭战伏击敌军，破敌阵地。江左军沔阳大队在赤色教导军配合下收复沔城，进逼仙桃，江陵赤色警卫大队四次夜袭郝穴，监利赤色警卫队炮兵大队以新式土炮，击翻敌船五艘，残敌向岳州逃跑。在军民奋力拼搏下，使郝穴、监利之敌非常恐慌，死守不敢下乡。12月初，江右军集中全力收复华容，进逼南县。

红二军团南征中，召开前委会议，研究湘鄂西特委和联县政府多次来信要求他们返回洪湖苏区问题。会上，贺龙、段德昌等同意特委意见。主张迅速回师洪湖，并据理力争。但是，二军团主要负责人反对，未能成行，反而撤掉了坚决支持特委意见的段德昌六军军长职务，把他调回湘鄂西苏维埃联县政府任赤卫队总队长。

正当洪湖苏区处于岳阳陈诚部的十一师一个团、安乡的新十一师及潜江、沔阳、江陵之敌围攻的紧急形势下，段德昌回到洪湖，这让周逸群喜出望外。亲密战友危难中来到身边，共同战斗，信心倍增。

不久，红二军团在杨林寺战役失利，与主力失掉联系的红六军第四十八、五十一团各一部及红二军的十二团之一部，共一千人左右，经过艰难辗转，在群众掩护和交通员的引导下，来到石首苏区。

红军指战员回苏区后，周逸群、段德昌、万涛等立即将部队整编为新六军（不久改称独立团），由段德昌任军长。新六军的组建给反"围剿"斗争增添了一支重要力量，也增强了人民取得反"围剿"斗争胜利的信心。

新六军成立不多时，敌人又集中了徐源泉部占沟城、峰口、柳关等地，洪湖险要地区尽遭敌人蹂躏，敌人所到之处，大肆捕杀共产党员、青年团员和干部，威逼恐吓无辜群众交出党员、干部。但是，受过党多年教育又经过革命战斗洗礼的苏区英雄儿女们，面对屠刀，大义凛然，正告吃人的豺狼："要我说党，我决不说，杀死我一人，革命杀不绝，直到流尽最后一滴血"，"有朝一日，血债要用血来还"。党员和群众威武不屈，敌人更恼羞成怒，进行疯狂的屠杀，上万的群众倒在血泊中，几万幢房屋被烧毁。

红军战士耳闻目睹敌人的暴行，按捺不住心头的怒火，决心用鲜血和生命同数十倍疯狂的敌人拼搏。在这种严峻形势下，周逸群坚定地认为：有湘鄂西苏区同生死共患难的群众支持，有红军和游击队，敌人无论如何是无法消灭我们的。他与段德昌指挥的新六军、江左军、江右军，紧密配合，灵活地运用游击战争的战略战术，时而在内线作战，时而转入外线活动，在敌人后面"开花"，穿插于敌人空隙之间，利用有利的地形，消灭敌人。

寒冬腊月，在反"围剿"战斗十分紧张的时刻，特委机关的给养难以保证，段德昌知道周逸群不分日夜地工作，痔疮发了，身体虚弱，就派人送去一百多斤大米和一些鱼、肉。周逸群要警卫员把这些东西送到医院，给伤病员补充营养。警卫员看着他日益消瘦的面容，恳求道："留下一点儿吧！"周逸群回答道："伤病员们更需要这些东西，我没伤没病，留下来，我是吃不下去的。"警卫员无可奈何，只得遵照他的意见，将鱼、肉、米等送往医院。

有一天，周逸群前往医院探视伤病员，途中遇见一位名叫季么姑的贫农老大娘饿昏在路旁，他十分难过，当即要警卫员将所带米袋送给老大娘。警卫员说："这是段军长从江南送来的一点儿米，为您熬稀饭的，送给了大娘，您吃什么？"周逸群耐心地说："我们共产党人为什么要和国民党反动派争天下？还不是为了深受压迫的穷人有饭吃，现在大娘饿成这样，我们能见死不救吗？"一席感人肺腑的话语，深深感动了警卫员和老大娘。

在严酷的革命战争年代，周逸群与群众结下了深情厚谊。群众常冒着生命危险，掩护和保卫周逸群及其他同志的安全。

1931年1月，敌人集结兵力，分四路又向洪湖瞿家湾周围地区发动攻击，企图切断洪湖各县通往江陵的要道。周逸群、段德昌等决定将新六军调往江南，打击江南之敌，以牵制江北敌军；江北由江左军对付来犯之敌。江左军沔阳第五大队，监利第三、四大队，分别攻击沔城、杨树峰和鸡鸣铺、毛家口一带的敌人，断绝他们的交通，阻滞他们的进攻。新六军在鲇鱼须一举歼敌一个营，又乘胜于元月16日再克华容，缴获大批辎重，使反"围剿"斗争形势好转。新六军又北渡长江，

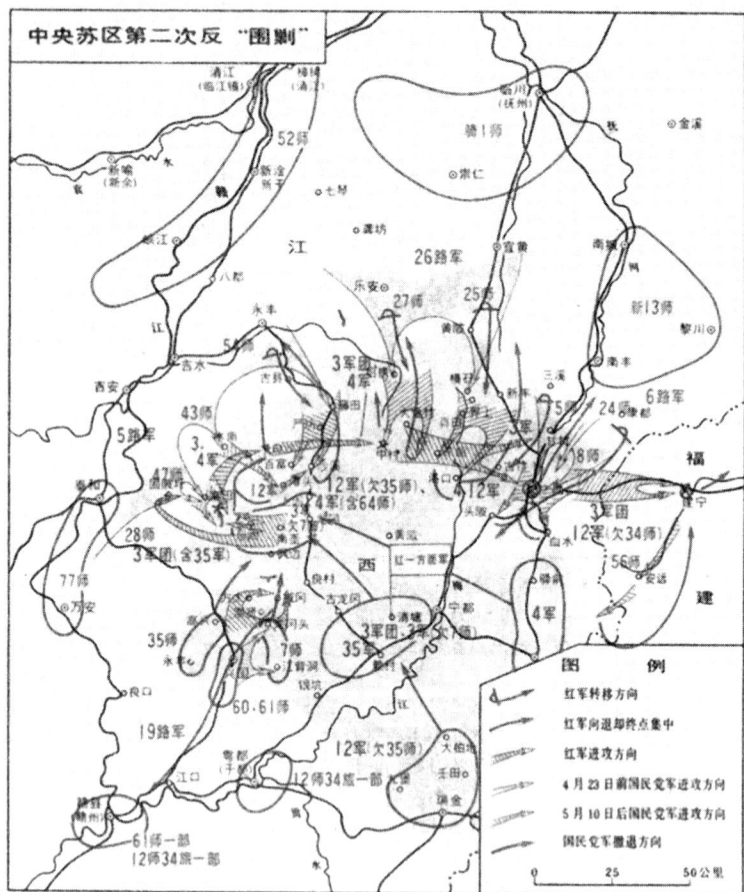

△ 中央苏区第二次反"围剿"要图

在胡家场、拖矛铺两地歼敌各一部，收复石首北区。不久，新六军返回江南，迎接新的战斗。

3月1日，敌人将"围剿"重点转向江南，敌四十八师一个多旅自公安、郝穴向藕池、石首进攻；新编第十一师主力自安乡向高基庙进攻，一部自南县向华容进逼，企图实现其第二步"围剿"计划。

周逸群在调弦口召集了特委和联县政府的紧急会议，商讨应对之策，进行作战部署。会后，新六军、特委和联县政府机关转移至洪湖程家湾一带。

敌人集结大批兵力向石首、华容进攻，我江右军各大队奋勇阻击，可是，敌人又急调增兵，辅以飞机、兵舰，猛攻石首调弦口，特委组织江右军和军校成员奋力抵抗，终因敌强我弱，江南形势日趋严重。段德昌迅即率新六军在梅田湖附近歼敌新十一师一部。周逸群指挥段玉林率江右军主力及其他地方武装与敌周旋，他亲率江右军一部下洞庭湖一带建立特区，另抽部分武装掩护群众突围，从江陵转至洪湖苏区。

江北的军民继续伺机歼敌，恢复苏区。在周逸群统一部署下，3月底至4月中旬，新六军和江左军经过激战，四次攻占朱河歼敌新编第二旅第二团大部，两次攻占峰口，击溃敌新三旅一个团、歼敌一营，又乘胜击溃了驻余家埠的敌徐德优部，使洪湖形势渐趋和缓，沔阳政权恢复大半。湘鄂西特委将独立团扩建为红军第九师，并组成了湘鄂西警卫团、教导团、两汉独立团，江左各县组编了警卫营。

5月，蒋桂两系军阀之间矛盾又趋尖锐，徐源泉部相继奉调长沙，华容之敌大部撤退，驻沔阳的敌岳维峻部有几个连发生兵变，一个连加入了红军。我红军独立团于6月初又连获三官殿、沙岗、普济观、汪家桥等地战斗的胜利。江北除监、沔、潜等县城外，已全部恢复。江右军在江南也向敌展开了攻势，东山根据地得到了恢复，洞庭特区工作也逐步开展起来，反"围剿"斗争获得了胜利。

在第一、二次反"围剿"斗争中，周逸群领导军民经受了严峻的考验，捍卫了洪湖苏区，发展了自己的力量：独立团由一千人左右壮大至两千人，江左军发展至一千五百多人枪，江右军也拥有八百多人枪，还有警卫团等武装。这些胜利充分显示了人民战争的伟大威力，也充分体现了周逸群、段德昌正确的战略战术和高超的组织指挥才能。

为第一、二次反"围剿"斗争的胜利，周逸群在百忙中满怀革命豪情，写就了《望江南》、《咏洪湖》两首诗词，以表达他对革命的必胜信念和乐观主义的情怀。

望江南

波浪涌，日夜不休闲，淘尽英雄无数代，大汉友谅亦渺然，只剩好江山。

洪波起，浩瀚水连天，破浪迎涛人出没，梭镖林立旗无边，洪湖任流连。

咏洪湖

洪湖万顷岁时长，浊水污泥两混茫。

小试翻天覆地手，白浪换作红旗扬。

→ 喋血洞庭

★★★★☆

（35岁）

1931年1月，在共产国际代表米夫支持下，王明等"左"倾教条主义者取得了在全党的领导地位，开始推行"左"倾冒险主义的政策。王明等控制党中央后，批评李立三的错误不是"左"了，而是右了。并且认为当时"党内的主要危险是右倾"，因而，打着国际路线的旗号，以"反右倾"和"改造充实各级领导机关"为指导思想，向各地派遣"钦差大臣"，否定各地党领导的正确政策和做法，贯彻其"左"倾错误政策。

3月，"左"倾中央派夏曦前往湘鄂西苏区，成立了湘鄂西中央分局，夏曦任书记，并取消了湘鄂西特委。这样一来，周逸群就没有职务了，夏曦便给他安排了一个巡视员的身份，要他去长江以南的地区检查工作。

当时正值洪湖苏区第二次反"围剿"斗争处在艰难奋战之时，夏曦却不顾及这一实情，多次对周逸群、贺龙等领导创建湘鄂西苏区的正确政策和做法予以否定和指责。

周逸群不同意夏曦的批评和指责，他认为李立三犯的是"左"的错误，而不是什么右倾错误，更不同意把湘鄂西土地革命当成是执行了"富农路线"。他反对"左"倾冒险主义者提出的平分一切土地和地主不分田、富农分坏田的错误主张，因为这样做必定会侵犯中农利益，是超阶段的做法，对民主革命是有害的。同时，周逸群深知对多年辛勤创建起来的湘鄂西苏区工作的否定，并不是否定他个人，而是否定在湘鄂西的每一块土地上、每一条江河内、每一个湖泊里、每一片苇林中，千万个革命先烈、红军指战员、革命干部和群众，用鲜血和汗水浇灌起来的红色天地。然而，大敌当前，周逸群无暇去与"左"倾错误领导争论，他将此置之度外，亲临战斗第一线，与这里的军民生死与共，为保卫苏区与敌人斗智斗勇。

身处逆境的周逸群，处处以党的利益为重，把个人安危置之度外。有一天，他发着高烧，身躯疲惫，四肢乏力，行动困难，仍急着离开监利县周老咀，渡江谋划江南的战斗。特委委员、联县政府负责人崔琪、监利县委委员李铁青前去看望他。李铁青目睹周逸群的病体，又体察到他受的委屈，劝慰他说："周逸群同志，你病情这样重，处境又如此艰难，安心把病治好再走吧。"周逸群立即铿锵有力地回答道："我是共产党员，我一天也不能停止党的工作。"并恳切地说："铁青，你是铁匠出身，知道铁有多硬，我们共产党员就要像铁一样硬，钢一样坚强。"一个共产党员高洁的心，无私无畏、为党为革命战斗不息的精神，让在场的人深受感动。

他在离开监利周老咀告别战友时，又说："我多次说过，我虽生在贵州铜仁山区，一到荆江两岸，就爱上了洪湖水乡，革命胜利后，我一定要回来和大家一起，把洪湖建成聚宝湖。"周逸群高瞻远瞩和革命乐观主义的情怀，感染着送别的同志。

3月下旬，蒋介石集团苦于不能消灭我红军，又命令在湘鄂赣豫皖浙闽七省严密保甲制度，更残酷地镇压人民革命活动。国民党湖南省政府主席何键命令李觉、陶广部会同岳阳、华容、南县等"铲共团"，配合徐源泉部向石首、华容一带进逼，华容、石首、调弦口相继陷入敌手，形势危急。

周逸群等即按特委紧急会议决定，集结江右军主力担负开辟洞庭特区，以解江南之困；以江右军的一部分掩护群众向江北转移。周逸群又指示小河口等地党组织和游击队，封锁长江两岸，组织江船、渔船做好引渡群众及部分干部向江北转移之用。蚁集江边的船只，满载男女老幼，在土枪、土炮掩护下，迅速渡江北移。率队转移的蔡玉昆担心周逸群的安危，一再请求周逸群带队渡江，周逸群拒绝了他，并严肃地说："正因为前面危险，我才去。作为一个共产党员，在特别紧要时刻，既是指挥员，又是战斗员。"他嘱托蔡玉昆，千万要照顾好转移的群众。

4月中旬，在敌众我寡的情况下，桃花山失陷。周逸群率领江右军和洞庭特区区委负责人前往开辟洞庭特区。洞庭特区的建立，将与洪湖苏区形成掎角之势，便于互相呼应和相互支援，利于同敌人展开长期的斗争。

周逸群领导洞庭特区区委在各地抽调一批干部，充实到各级领导班子和武装骨干。为了加强武装力量，在原有的江右军和部分赤色守备队基础上，又组织了特务营。为了在这里站稳脚跟，特区区委制定了依靠渔民、樵民及贫苦农民，团结知识分子的政策，发动和组织群众，使党组织和革命军队扎根于群众之中。

周逸群来到洞庭湖的磨盘洲一带后，他立即同部分干部深入群众，了解情况，听取意见。然后，同特区区委共同研究所面临的问题和解决的办法。他提出当时滨湖农民迫切需要解决的是春耕春播中缺乏种子和插旗团防及田赋征收处欺压群众的两个问题，解决的办法有两条：一是将江右军从华容敌人手中夺取的粮食分一部分给群众，以解决春播种子的问题；二是组织现有武装，拔除插旗团防和田赋征收处，为民除害。特区区委接受了这一正确意见，作出了具体决定和部署。

在执行上述决定时，做好思想动员工作很重要。周逸群又不辞辛苦，到江右军的指战员中，向他们讲明军民之间同呼吸、共命运的关系；说清楚解决农民春耕春播种子问题的紧迫性，他还说明"一船谷种，十船粮"，"先运谷种，后运军粮"的缓急关系。动员工作结束后，他亲自扛起粮袋，带头装船，在他的言传身教下，指战员干劲儿倍增，扛上粮袋，飞跑如梭，装船运给群众。

插旗团防和田赋征收处，是压在这个地区人民头上的两把尖刀。他们为非作歹，敲诈勒索，直至杀人放火。江右军根据洞庭特区区委决定，由段书甲率领两个中队，出其不意地消灭了插旗团防局的武装，摧毁了残酷搜刮民脂民膏的田赋征收处，处决了民愤极大的田赋征收员，焚毁了田赋征收册；又迅即逮捕了罪恶累累的湖中惯匪吴文善、李竹青等，将他们绑赴插旗山，公布罪状，处以死刑。群众称道："红军真是人民的军队，为我们地方除了大害。"

接着，在周逸群和特区区委领导下，江右军和赤色教导军共同袭击了岳阳杨林所团防，夺取了刘公局团防枪支，攻克了杨罗洲，展开了宣传和发动组织渔民、樵民的工作，为建立洞庭特区打下了良好的基础。

敌人窥视着杨罗洲等地的革命活动，又不敢轻易发动攻击，于是急电请求湖南省清乡督办何键派兵围攻。何键接电后，任命沅江县保安团王剑龙为指挥，组成了清湖指挥部，并派川军两个师，纠合华容、南县等地团防，开动大小汽艇、帆船，大举"清湖"。周逸群等当机立断，以江右军与地方游击武装密切配合，采取避实击虚、化整为零的方针，伏击敌人，扰乱其后方，驰骋在华容、沅江、岳阳等滨湖地带，机动灵活地打击"清湖"敌军。

5月中旬，周逸群巡视检查华容等地的工作，并准备返回洪湖，向湘鄂西中央分局和特委汇报开辟特区工作的情况。同周逸群朝夕战斗在一起的段玉林及江右军指战员们，得知这个消息后，都为周逸群的安全担心。这时，正是敌人集中兵力，加紧"清湖"的时候，此行凶多吉少，因而，同志们有的劝阻，有的叮咛，依恋之情，溢于言表。

周逸群清楚路途上的危险，深深地理解大家的忧虑和关切，他心潮起伏，充满激情地回答道："路途小心谨慎就是。"同时，又坚定地说："一个共产党员，无论什么时候，都要先想到大家，想到民众。不管环境如何险恶，我们都能坚持下去。苏维埃旗帜不能倒，我们必须为此奋斗，为此流血，我们并没有希望人们将来会记起我们，我们只希望他们相信共产主义一定胜利。"说完后，他满面笑容，劝说大家休息。

次日，周逸群率领八大队一中队，乘船到达采桑湖。上岸后，从王家港沿着丛生的树木隐蔽前进。那时，天上正下着毛毛雨，雾霭蒙蒙。周逸群蓄着平头，身挎加拿大手枪，警惕地搜索前进。在岳阳贾家凉亭的王家屋场，他所率领的一中队与埋伏在那里、准备偷袭我江右军的敌军遭遇，敌人以为是江右军的主力，开枪射击。在交战中，周逸群不幸中弹牺牲。

△ 周逸群雕塑

周逸群牺牲后，由于敌人火力密集，我军的同志未能抢出他的遗体。战斗结束后，当地群众并不知道是他们敬重的周逸群，只知道是红军，出于对人民子弟兵的热爱，主动将他安葬。

　　周逸群牺牲时，年仅 35 岁。短暂的年华，却为人民进行了艰苦卓绝的斗争，作出了巨大的贡献，为我们树立了光辉的榜样。每当贺龙忆起周逸群时，他总是满含悲伤地说："周逸群同志，不仅懂政治，而且也懂军事，是我们难得的全面人才。"他的牺牲，是党难以弥补的损失。

后 记

万顷洪湖忆斯人

"洪湖水呀，浪呀么浪打浪啊，洪湖岸边是呀么是家乡啊。清早船儿去呀去撒网，晚上回来鱼满舱。四季野鸭和菱藕，秋收满畈稻谷香。人人都说天堂美，怎比我洪湖鱼米乡！"唱起这首脍炙人口、充满革命浪漫的《洪湖水浪打浪》，周逸群那身着中山装、留着平头、浓眉大眼、神情坚毅的形象立即浮现在眼前。

周逸群虽然出生在贵州铜仁山区，但连绵的大山没能限制他的眼界，更没能阻碍他救国救民的步伐，他奋斗的足迹遍布了祖国的南方，最终落在了碧波荡漾的万顷洪湖。他视湖洪为故乡，视洪湖人民为亲人，为了把这片土地真正变成当地人民的"鱼米之乡"，他和贺龙等其他同志一起发动群众、武装群众，砸烂枷锁，推翻压迫，鞠躬尽瘁，死而后已，直至战斗到生命的最后一刻。周逸群和其他革命烈士的鲜血染红了那里的水，用生命换来了革命的最后胜利。

烈士光辉昭日月，先辈精神传后人。周逸群和战友们在湘鄂西苏区这块英雄土地上缔造的丰功伟绩，党不会忘记，人民不会忘记。

1957年12月，高27.6米的湘鄂西苏区革命烈士纪念碑在湘鄂两省交界处的洪湖县新堤镇拔地而起。碑上刻有贺龙元帅的题词："革命烈士们的业绩鼓舞着我们永远前进。"碑座上铭刻着国务院撰写的碑文，当中有这样一段："在几次伟大的革命战争中，湘鄂西的人民有成千上万的优秀儿女英勇地牺牲了。其中如周逸群、鲁易、柳克明（即柳直荀）……"

1984年11月10日，雄伟的湘鄂西苏区革命烈士纪念馆落成了，时任国家主席的李先念同志亲自题写的馆名，曾追随周逸群一起战斗、时任全国人大常委会副委员长的廖汉生同志题写了"湘鄂西革命历史陈列馆"并亲自出席落成典礼。纪念馆记载了湘鄂西苏区革命斗争的光辉历程，表达了全国人民对周逸群、贺龙等老一辈无产阶级革命家的深切怀念。

时至今日，洪湖人民仍然传唱着这样一首歌谣："洪湖水上长莲苔，莲苔年年把花开，莲花时开时又谢，烈士鲜花永不败。"表达对周逸群的无限哀思。